돌부리를 찾는데
내가 아픈 이유

박재용 글 | 강무선 그림

리잼

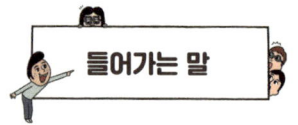
들어가는 말

　물리는 한자로 물질의 '물(物)', 이치의 '이(理)'를 씁니다. 사물의 이치를 파악하는 학문이란 뜻입니다. 여러 가지 과학 중에서 이론적 정리가 가장 먼저 시작된 학문이기도 하고, 또 다른 학문의 기초가 되는 학문이기도 합니다. 고대 그리스의 자연철학에서부터 시작한 물리학은 우리가 아는 많은 과학자에 의해 연구되고 발전되었습니다. 갈릴레이 갈릴레오, 아이작 뉴턴, 크리스티안 하위헌스, 토머스 쿡, 알버트 아인슈타인, 닐스 보어, 베르너 하이젠베르크 등 우리가 아는 과학자가 가장 많은 분야가 물리학입니다.

　물리가 다루는 영역은 생각보다 훨씬 넓습니다. 가장 먼저 물질의 운동에 대해 다룹니다. 얼마나 빠르게 움직이나, 속도의 변화는 어떻게 되나를 파악하는 것부터 이런 운동을 만드는 원인인 힘과 에너지에 대해 배우게 됩니다. 그리고 파동도 물리 영역입니다. 소리나 빛처럼 매질의 진동을 통해 에너지를 전달하는 과정에 대해서도 물리가 다룹니다. 그리고 전기와 자기도 물리입니다. 저항과, 전류, 전압과 전력에 대해 공부하고, 자석이 어떻게 철과 같은 금속과 작용하는지, 전기와 자기가 어떤 관계에 있는지를 파악합니다.

　그리고 이런 물리학에 대한 이해는 화학이나 생물학, 지구과학 등 다른 과학을 공부하는데도 굉장히 중요합니다. 그래서 이공

계 대학에 가게 되면 어느 전공을 가든 1학년 때 물리학 혹은 기초 물리학은 모두 배우게 됩니다.

　이공 계통은 보통 과학 분야와 공학 분야로 나눕니다. 그중 공학의 경우 물리에서 파생된 분야가 가장 많습니다. 건축공학, 토목공학, 전자공학, 전기공학, 기계공학, 소재공학 모두 물리학에서 그 기초를 닦은 분야입니다. 건물을 지을 때도, 자동차를 설계할 때도, 반도체를 만들거나, 발전소를 지을 때도, 첨단 소재를 개발하고, 다양한 소재를 융합할 때도 모두 물리학적 기반을 가져야 가능합니다.

　학생들에게 과학 중에서 뭐가 가장 어렵냐고 물어보면 대부분 물리가 가장 어렵다고 합니다. 왜냐고 다시 물으면 식이 많고 계산하기가 복잡하다고들 합니다. 네 그렇습니다. 다른 과학 과목은 계산식이 별로 없고 있어도 간단한 곱셈 정도면 해결할 수 있는데 물리는 새로 배우는 것마다 모두 식이 있고 또 그 계산도 다른 과목에 비해 어렵습니다. 더구나 응용으로 들어가면 식을 어떻게 세워야 하는지조차도 쉽지 않습니다.

　하지만 반대로 물리는 왜 그런 식이 나오는지에 대해 이해만 제대로 하면 아주 쉬운 과목이 되기도 합니다. 그래서 이 책에선 물리에서 자주 쓰이는 식들에 대해 정확히 이해하는 것에 초점을 맞추고 있습니다. 부디 이 책으로 물리와 좀 더 가까워지길 바랍니다.

2022년 박재용

차례

들어가는 말 • 2

1장 | 보고 듣기

빨주노초파남보 — 8
빛의 삼원색 — 16
소리를 내봐 — 19
빛도 소리도 모두 파동 — 23
꺾이고 반사하고 — 29

2장 | 일한다는 것

일인 듯 일 아닌 일 — 40
일 좀 잘 하니? — 44
일 좀 쉽게 할 수 없나? _(1)지레 (2)도르래와 빗면 (3)에네르기파 — 46
과속은 위험해!_운동에너지 — 57
높은 곳도 위험해!_위치에너지 — 62
공의 속도는 왜 점점 빨라질까?_역학적 에너지 보존의 법칙 — 66
에너지를 아끼라고? 보존된다는데? — 70

3장 | 운동의 법칙

운동은 어떻게 일어날까? ────── 78
100m를 달리랬더니 110m를 달려버렸어 ────── 82
운동에 힘이 필요해? ────── 86
무거우면 멈추기도 힘들어 ────── 91
돌부리를 찼는데 내가 아픈 이유 ────── 94

4장 | 전기가 찌릿찌릿

호박을 사랑한 과학자 ────── 100
전기를 유도해 ────── 104
전기는 흘러야 제맛 ────── 107
저항해볼까? ────── 109
전압이 필요해 ────── 115
전력과 전기에너지 ────── 118
자석을 만들 수 있어 ────── 122
전기가 자석을 움직인다고? ────── 126
선풍기의 날개는 어떻게 움직일까? ────── 130
이렇게 전기를 만든다고? ────── 134

보고 듣기

빨주노초파남보

강아지는 세상이 여러 가지 색으로 이루어져 있다는 것을 알지 못합니다. 빨간색과 녹색을 구분하지 못하는 적록색맹이기 때문입니다. 하지만 우리 인간은 여러 색의 빛을 볼 수 있습니다. 숲에 살던 영장류인 시절부터 잎과 꽃, 열매를 구분하기 위해 색을 구별할 수 있도록 진화했기 때문입니다.

그런데 왜 사과 껍질은 빨간색이고 바나나 껍질은 노란색일까요? 간단하게 말하면 사과 껍질은 여러 색의 빛 중 빨간색만 반사하고 바나나 껍질은 노란색만 반사하기 때문입니다. 이처럼 우리는 대부분 그 사물이 반사하는 빛을 보는 것입니다.

물론 우리가 보는 빛이 반사된 것만 있는 것은 아닙니다. 스스로 빛을 만드

↑ 스스로 빛을 내는 광원

는 물체도 있습니다. 태양과 별이 대표적이고, 촛불과 형광등, 휴대전화와 모니터의 화면 등도 마찬가지입니다. 이렇게 스스로 빛을 내는 물질을 '광원'이라고 합니다.

빨간색과 노란색은 왜 다르게 보이는 걸까요? 빛의 '진동수'가 다르기 때문입니다. 진동수란 빛이 1초에 몇 번이나 진동하는가를 나타냅니다. 결국 물체가 반사하는 빛마다 1초에 진동하는 정도가 달라서 다른 색을 보게 되는 겁니다. 무지개를 보면 위에서부터 빨강, 주황, 노랑, 초록, 파랑, 남색, 보라의 순서대로 색이 나타나는데, 이 순서대로 진동수가 조금씩 커집니다.

더 알아보기

헤르츠(Hz)
진동수를 나타낼 때는 헤르츠(Hz)란 단위를 씁니다. 노란색은 보통 503~520테라☑헤르츠(THz)입니다. 외장하드 용량이 1테라바이트라 할 때 쓰는 그 테라로 0이 12개 이어집니다. 즉 1초에 503,000,000,000,000번 진동하는 빛이 노란색입니다. 빨간색은 이보다 적게 진동해서 384~482테라헤르츠입니다.

☑ **테라(Tera)** 10의 12제곱을 뜻합니다.

이렇게 빛의 색을 진동수로 이해할 수 있는 것은 빛이 일종의 파동이기 때문입니다. 정확히 말하자면 빛은 '전자기파'라는 파동입니다. 휴대전화의 전파, 엑스레이, 피부를 태우는 자외선, 리모컨의 적외선, 그리고 많이 들어보지 못한 감마선도 모두 전자기파입니다. 그 중 우리 눈에 보이는 진동수의 전자기파를 가시광선이라 합니다.

전자기파는 진동수가 큰 것부터 차례대로 감마선, X선, 자외선, 가시광선, 적외선, 전파로 나눕니다. 진동수가 크다는 것은 1초 동안 진동하는 횟수가 많다는 것이고, 그만큼 에너지도 많이 가지고 있다는 뜻입니다. 이 에너지는 어떤 경우에는 도움이 되고, 어떤 경우에는 해가 되기도 합니다.

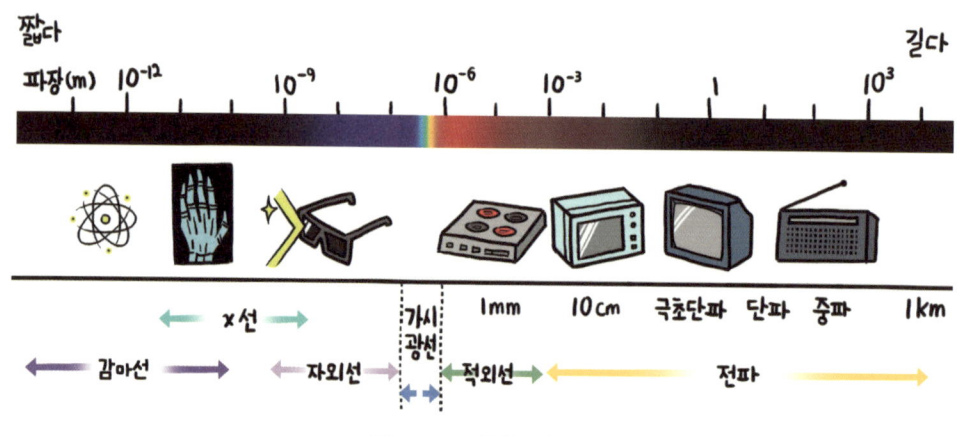

〈전자기파의 종류와 용도〉

진동수가 가장 큰 빛은 감마선입니다. 에너지를 많이 가지고 있고, 물질을 통과하는 투과력이 좋아서 일반적인 벽 정도는 그대로 통과해버립니다. 감마선을 막으려면 10cm 두께의 납으로 된 벽이 필요할 정도입니다. 핵폭탄이 터질 때도 나오며, 방사능 물질에서도 방출됩니다.

↑ 우주 망원경으로 촬영한 감마선

태양에서도 굉장히 강한 감마선이 나오지만 다행스럽게도 지구의 대기권이 이를 막아줍니다. 감마선은 이렇게 위험하기도 하지만 또 여러모로 유용하기도 합니다. 암 환자의 진단이나 치료에 이용되고, 건물이나 배, 비행기 등의 **비파괴검사**☑와 음식물의 살균에도 사용됩니다.

그다음은 X선입니다. 병원에서 찍는 엑스레이에 이용하고, 감마선처럼 비파괴검사에도 이용합니다. 하지만 감마선과 마찬가지로 많은 에너지를 가지고 있어서 너무 많이 쬐면 위험합니다.

↑ X선으로 촬영한 꽃

X선 다음은 자외선입니다. 식당에 가면 자외선 살균기에 컵이 보관된 것을 볼 수 있습니다. 자외선이 살균 기능이 있기 때문입니다. 하지만 세균에게 해로운 것처럼 사람에게도 위험합니다. 너무 많이 쬐면 피부암에 걸릴 확률이 높아집니다. 그래서 뜨거운 여름에는 자외선 차단 크림을 바르고, 모자를 씁

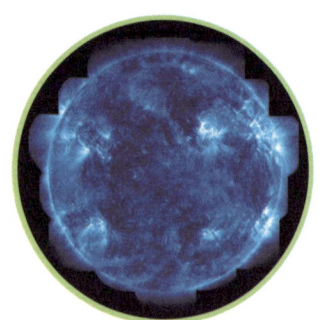
↑ 태양이 방출하는 자외선

☑ **비파괴검사** 건물이나 고가의 장비, 비행기 등을 철거하거나 손상을 주지 않고 외부에서 검사하는 방법입니다. 방사선, 초음파 등을 사용합니다.

니다. 사실 우리에게 도달하는 자외선은 대기권의 오존층에서 99% 흡수되고 난 나머지입니다.

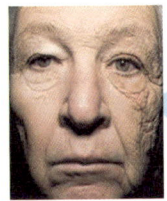 

28년 동안 트럭 운전을 한 남성의 얼굴이에요. 오른쪽과 왼쪽 모습이 다르지요? 이것은 유리창에 들어온 자외선의 영향 때문이에요. 자외선은 피부 깊숙이 들어와서 피부 노화를 일으키기도 해요.

그다음은 우리 눈에 보이는 빛의 영역인 가시광선입니다. 자외선 바로 옆의 보라색에서 적외선 바로 옆의 빨간색까지의 영역으로 무지개의 일곱 빛깔입니다. 태양에서 나오는 전자기파 중 이 영역이 가장 강하기 때문에 우리 눈도 이 부근의 빛을 감지하도록 진화된 것입니다. 망원경이나 현미경 등 다양한 광학기기가 이 빛을 이용하는 도구입니다.

⬇ 가시광선을 확인할 수 있는 무지개

다음은 적외선입니다. 리모컨이나 블루투스 기기, 적외선 온열기 등에 쓰입니다. 적외선은 우리 사람들도 내고 있습니다. 물론 맨눈에는 보이지 않고, 적외선 카메라 등 특수 장비를 써야 볼 수 있습니다. 적외선은 우리가 경험하는 일상적인 온도를 가진 물체 대부분이 내고 있습니다. 개나 소, 호랑이와 같은 포유동물도 적외선을 방출합니다. 그래서 밤에 적외선 카메라를 사용하면 이들이 움직이는 모습을 볼 수 있습니다.

↑ 적외선 카메라로 촬영한 개

　간단한 실험으로 적외선을 확인할 수도 있습니다. 볼에 닿지 않게 손바닥을 펴서 가까이 대면 볼과 손바닥이 따뜻해지는 걸 느낄 수 있습니다. 마찬가지로 두 손바닥을 가까이 대면 손바닥이 따뜻해지는 걸 느낄 수 있습니다. 적외선이 손바닥과 볼에서 나와 서로를 따뜻하게 만드는 것입니다. 마치 양지에 앉아 있으면 햇빛이 피부에 닿아 따뜻해지는 것과 같은 원리입니다.

　적외선 다음은 전파입니다. 진동수에 따라 휴대전화, 텔레비전, 라디오 등 다양한 통신수단으로 이용됩니다. 파장이 짧고 진동수가 큰 것은 레이더와 통신 위성 등에 사용되고 그다음은 휴대전화, 무선전화기, 텔레비전, 전자레인지 등에 사용됩니다. 그보다 더 파장이 길고 진동수가 적으면 무전기나 라디오에 사용됩니다.

← 전파를 이용해 무선 인터넷을 사용하게 하는 중계 장치

　파장이 짧고 진동수가 큰 전파는 담을 수 있는 정보가 많지만, 방해물이 있으면 멀리까지 전달하지 못하는 단점이 있습니다. 그래서 진동수가 많은 전파를 사용하는 휴대전화의 경우 동네마다 중계 장치가 설치되어 있습니다. 반대로 파장이 길고 진동수가 적은 전파는 정보량은 적지만 비교적 먼 거리까지 전달이 됩니다. 라디오가 사용하는 전파는 진동수가 적어서 아주 멀리까지 퍼지기 때문에 따로 중계 장치가 없어도 웬만한 곳에선 다 들을 수 있습니다.

빛의 삼원색

우리가 개나 고양이 같은 다른 포유류와 달리 빛의 색을 더 다채롭게 구분할 수 있는 것은 망막에 서로 다른 색의 빛을 느끼는 세 가지 원추세포가 있기 때문입니다. 원추세포는 빛을 받아들여 사물을 볼 수 있게 하는 시각세포 중 하나입니다. 녹색을 주로 담당하는 녹원추세포, 빨간색을 주로 담당하는 적원추세포, 파란색을 담당하는 청원추세포 이렇게 세 가지입니다. 따라서 흔히 말하는 빛의 삼원색은 결국 우리 눈의 시각세포에 따라서 결정된 것입니다.

이 세 가지 색의 빛은 서로 섞이면 더 밝아지면서 다른 색이 됩니다. 빨강과 파랑이 섞이면 진한 분홍색(자홍색)이 되고, 빨강과 초록이 만나면 노란색이 됩니다. 파랑과 초록이 만나면 하늘색(청록색)이 되며, 세 가지 색이 모두 섞이면 흰색이 됩니다. 이는 파동과 입자로 설명할 수 있지만 보통 우리는 파동으로 이런 빛의 성질을 설명하곤 합니다. 훨씬 쉽고 간편하기 때문입니다.

〈빛의 삼원색〉

> **더 알아보기**
>
> **빛의 이중성**
> 전등이 하나 켜졌을 때보다 두 개 켜졌을 때 더 밝다는 건 당연한 상식입니다. 빛이 밝아진다는 것은 한 번 진동할 때 움직이는 폭이 더 커졌다는 걸 의미합니다. 위아래로 많이 움직이는 빛은 그만큼 더 밝아지는 것입니다. 이렇게 빛이 움직이는 폭을 진폭이라고 합니다. 1초 동안 진동하는 횟수가 많아도 에너지를 많이 가지지만 한 번 움직일 때 그 폭이 큰 것도 많은 에너지를 가집니다. 그래서 진폭이 큰 빛은 그만큼 밝을뿐더러 더 많은 에너지를 줄 수 있습니다.
> 물론 빛이 더 밝은 것은 빛을 입자로 생각해도 설명할 수 있습니다. 밝을수록 더 많은 빛 알갱이가 있는 것입니다. 색도 마찬가지입니다. 빛이 서로 다른 색깔을 가지는 것은 빛 알갱이 하나하나가 가지고 있는 에너지의 크기가 달라서입니다. 이렇듯 빛은 입자와 파동으로 이해할 수 있는데 이를 '빛의 이중성'이라고 합니다.

하지만 물감을 섞어보면 색이 점점 진해지고 나중에는 검은색이 됩니다. 색의 삼원색은 청록색(시안, cyan), 자홍색(마젠타, magenta), 노란색(옐로, yellow)입니다. 청록색과 노란색이 섞이면 녹색이 되며, 노란색과 자홍색이 섞이면 붉은색이 됩니다. 자홍색과 청록색이 섞이면 푸른색이 되고, 세 가지 색을 모두 섞으면 검은색이 됩니다. 물감의 색은 빛이 물감에 닿을 때 흡수한 색 이외의 반사한 색만 보이는 것이므로 서로 다른 색을 흡수하는 물감들이 섞이면 흡수하는 빛의 영역이 늘어나고 반사하는 색은 줄어듭니다. 따라서 섞으면 섞을수록 점점 색이 진해지다가 검게 되는 것입니다.

보색이라는 개념도 알아봅시다. 빛에서는 두 색을 섞었을 때 완전히 흰색이 되는 걸 보색이라 하고, 물감에서는 서로 섞었을 때 완전히 검은색이 되는 것을 보색이라고 합니다. 즉 빨간색과 청록색, 노란색과 남색, 보라색과 연두색이 서로 보색 관계입니다. 흔히 옷과 신발, 모자 등을 보색으로 맞춰 착용해도 촌스럽지 않으면 패션 감각이 대단히 뛰어나다고 합니다. 보색이 서로 어울리기 힘들기 때문입니다.

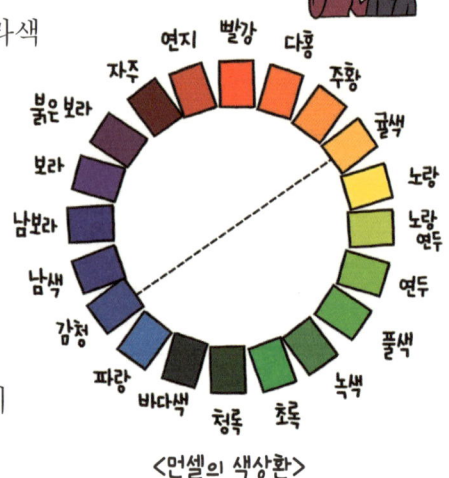

〈먼셀의 색상환〉

소리를 내봐

 사람들은 각기 좋아하는 음악이 다릅니다. 클래식, 발라드, 댄스 등 다양한 종류의 음악이 있기 때문입니다. 그런데 같은 음악도 듣다 보면 높이와 음색, 크기 등이 다르게 느껴질 때가 있습니다. 이런 다양한 음들은 어떤 원리로 나타나는 걸까요? 우리가 듣는 음악은 일종의 파동입니다. 귀로 소

〈악기의 종류와 음역대〉

리를 듣는 것은 결국 공기의 파동을 귀의 청각세포가 감지하기 때문입니다. 이 공기의 파동-음파에 대해 좀 더 자세히 알아봅시다.

활로 줄을 켜서 소리를 내는 악기를 현악기라고 합니다. 현악기에는 바이올린, 비올라, 첼로, 콘트라베이스 등이 있습니다. 첼로나 콘트라베이스는 낮은음을 내고, 바이올린과 비올라는 높은음을 냅니다. 그중에서도 바이올린이 가장 높은 음을 냅니다. 어떤 원리일까요?

비밀은 줄에 있습니다. 바이올린의 줄은 짧고 가늘며, 첼로의 줄은 길고 두껍습니다. 짧고 가는 줄은 활로 켤 때 더 많이 떨립니다. 그래서 진동수가 많습니다. 첼로 줄처럼 길고 두꺼운 줄은 덜 떨리게 되고, 진동수가 적습니다. 기타도 마찬가지입니다. 위쪽의 가는 줄은 높은 소리가 나고, 아래쪽의 두꺼운 줄은 낮은 소리를 냅니다. 손으로 기타 줄의 중간을 집으면 소리가 더 높아집니다. 줄의 진동하는 부

짧고 가는 바이올린의 줄

아하

길고 두꺼운 첼로의 줄

분이 더 짧아지기 때문입니다. 이렇게 줄이 같은 시간 동안 더 많이 떨릴수록 그 소리는 높아집니다.

관악기도 같은 원리입니다. 관이 길고 굵을수록 소리는 낮아지고 관이 짧고 가늘수록 높아집니다. 리코더와 트럼펫의 소리 차이가 그렇습니다. 여성의 목소리가 남성의 목소리보다 대부분 높은 것도 목의 성대가 더 좁아서 남성보다 더 많이 떨리기 때문입니다.

큰 소리와 작은 소리는 그럼 무엇의 차이일까요? 소리의 크기는 한 번 진동할 때 얼마나 그 폭이 큰가에 의해 결정됩니다. 기타를 쳐보면 알 수 있습니다. 기타 줄을 세게 퉁기면 줄이 진동하는 진폭이 커집니다. 이렇게 진폭이 커지면 소리가 커집니다. 반면 살짝 퉁기면 진폭이 작아져서 소리가 작아집니다. 우리가 멀리 있는 사람을 부를 때 입 앞에 손을 갖다 대는 것도 입에서 나온 소리를 공명시켜 진폭을 크게 하는 것입니다. 휴대전화를 사기그릇 안에 넣고 음악을 들으면 소리가 더 커지는데 이도 마찬가지입니다. 기타나 바이올린의 몸통도 활로 줄을 켤 때 나는 소리를 공명을 통해서 키우는 것인데 이도 결국 진폭을 크게 하는 것입니다.

하지만 우리는 같은 높이의 소리를 같은 크기로 내도 피아노의 음과 바이올린의 음을 구분할 수 있습니다. 또 친구들이 뒤에서 부를 때 돌아보지 않아도 어떤 친구인지 알 수 있습니다. 어떻게 알 수 있을까요? 그것은 이 소리들이 여러 가지 다른 파동이 합쳐진 합성 파동이기 때문입니다. 일상생활에서 우리가 듣는 소리는 거의 모두 여러 가지 파동이 합쳐진 합성 파동인데 이들이 합쳐진 파동의 모양, 즉 파형이 달라서 음색이 다른 것입니다.

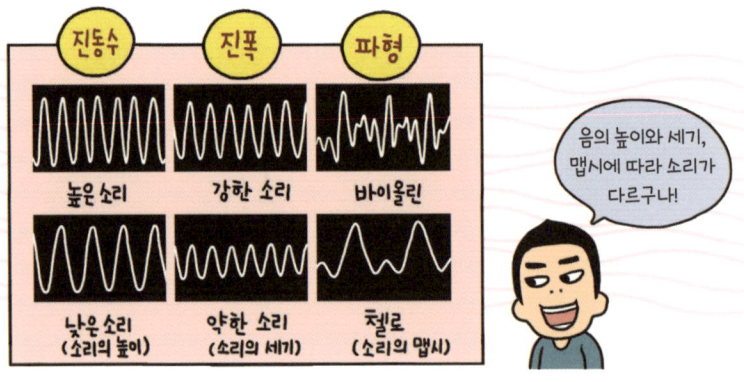

이런 음색의 차이를 소리의 맵시라고 하는데 이를 통해서 우리는 친구들의 목소리를 모두 구분할 수 있습니다. 이렇게 소리를 결정하는 것은 음의 높이, 음의 크기, 그리고 맵시 세 가지입니다. 이들은 각각 진동수, 진폭, 파형에 의해 결정됩니다.

빛도 소리도 모두 파동

　지금까지 살펴봤던 빛과 소리는 모두 파동이라는 공통점을 가지고 있습니다. 그럼 파동이 무엇인지 한번 살펴보도록 하겠습니다.

　파동은 무엇인가의 진동을 통해 에너지를 전달하는 방식입니다. 이때 진동하며 에너지를 전달하는 물질을 '매질'이라고 합니다. 이 매질들이 진동하게 되면 그 여파가 바로 옆의 매질에 전달됩니다. 그럼 전달받은 매질이 다시 진동하고 그러면 다시 그 옆의 매질이 진동하게 됩니다. 이렇게 연속적인 진동이 일어나서 에너지가 전달되는 것입니다. 그래서 거의 모든 파동은 매질이 있어야만 전달이 됩니다. 하지만 빛만은 따로 매질이 필요하지 않습니다. 빛은 전기장과 자기장을 통해 전달되는 특수한 성질 때문입니다.

　따라서 진공인 우주 공간에서는 빛을 제외한 어떠한 파동도 전달이 되지 않습니다. 진공이란 아무 물질도 없다는 뜻이니 매질이 될 것이 없습니다. 그래서 우주선끼리 광선을 쏘고, 폭발이 일어나고, 로켓이 불을 뿜어도, 우리는 어떠한 소리도 들을 수 없습니다. 물론 영화에선 그러면 재미가 없으니 소리를 넣지만 사실 거짓말인 셈입니다.

파동이 일어나는 동안 파동을 전달하는 매질은 제자리에서 진동만 합니다. 옮겨지는 것은 에너지일 뿐입니다. 매질이 제자리에서 진동만 한다는 것은 욕실에서 간단하게 실험해볼 수 있습니다. 욕조의 한가운데에 가벼운 공을 올려놓습니다. 그리고 욕조 한쪽 끝에서 물을 쳐 물결파를 만듭니다. 물결파는 우리가 손으로 친 곳에서 시작해 점점 퍼져나갑니다. 그리고 나서 욕조의 한가운데에 있는 공을 지나쳐 갔다가 반대쪽 끝에 닿으면 다시 돌아옵니다. 이때 공은 물결파를 따라 이동하지 않고, 그저 제자리에서 위아래로 흔들릴 뿐입니다. 공의 아래에 있는 물이 제자리에서 진동만 하기 때문입니다.

그럼 파동의 종류에는 어떤 것이 있을까요? 파동은 매질이 진동하면서 에너지를 전달하는 것이라 했는데, 이때 매질이 어떤 방향으로 진동하느냐에 따라 종파와 횡파로 나뉩니다.

종파는 파동이 이동하는 방향과 매질이 진동하는 방향이 서로 평행한 것을 말합니다. 즉 매질이 파동이 진행되는 방향과 같은 방향으로 움직이는 것입니다. 스프링을 길게 늘였다가 놓았을 때, 스프링이 움직이는 모양을 생각하면 비슷합니다. 종파는 그 종류가 별로 없습니다만 항상 관찰이 가능한 것이 하나 있는데 바로 소리입니다. 지진파의 P파도 종파입니다.

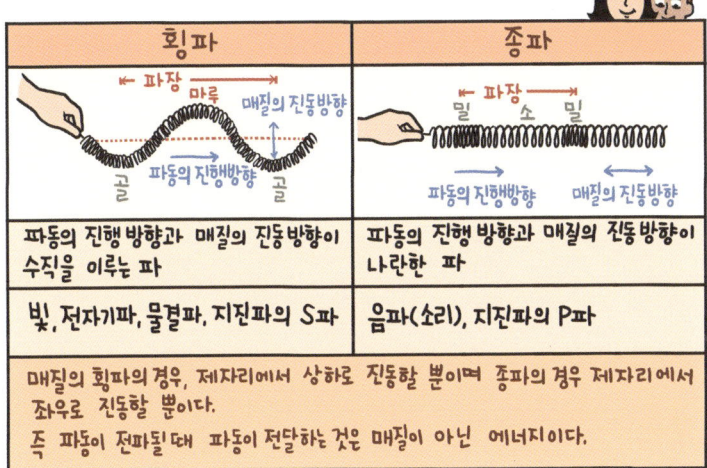

〈횡파와 종파〉

이에 비해 횡파는 매질의 진동 방향이 파동의 진행 방향과 수직인 것을 말합니다. 우리가 아는 대부분의 파동은 횡파입니다. 기타의 현을 튕겼을 때 만들어지는 파동도 그렇고, 연

못이나 강에 돌을 던지면 퍼져나가는 물결파도 횡파입니다. 우리 눈에 보이는 빛이나 전파, 지진파의 S파도 횡파입니다.

이런 파동을 정확히 파악하려면 파동의 여러 요소를 먼저 알아야 합니다.

그림을 보면서 알아봅시다. 매질이 진동할 때 제일 높이 올라간 곳을 마루라고 합니다. 흔히 산마루, 대청마루, 우물마루 등 주변보다 높은 지형이나 모습에 쓰이는 순우리말입니다. 반대로 제일 낮은 곳까지 내려가면 골이라고 합니다. 이 또한 골짜기처럼 양쪽보다 움푹 들어간 모습에 쓰이는 순우리말입니다.

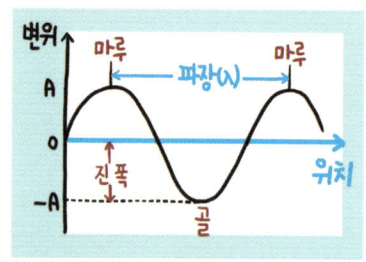

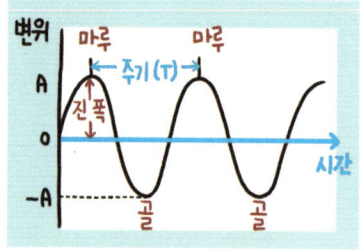

〈파동의 여러 요소〉

매질을 구성하는 입자가 마루에서 다시 마루로 혹은 골에서 골로 되돌아갈 때까지 걸리는 시간은 주기라고 합니다. 즉 매질이 진동할 때 원래의 자리로 돌아올 때까지 걸리는 시간입니다. 또 주기는 파동이 마루에서 이웃한 마루까지 전달되는데 걸리는 시간이기도 합니다. 이 둘은 항상 같습니다. 주기는 보통 초를 단위로 씁니다.

그리고 시간과 관계된 단위가 있습니다. 1초 동안 매질이 진동하는 횟수를 뜻하는 진동수입니다. 단위로는 Hz(헤르츠)를 씁니다. 만약 주기가 0.1초면 1초에 열 번 진동하니 진동수는 10Hz가 됩니다. 주기가 2초인 경우에는 1초에 반밖에 진동하지 않으니 진동수는 0.5Hz가 됩니다. 즉 주기는 $\frac{1}{진동수}$이고, 진동수는 $\frac{1}{주기}$인 관계가 성립합니다. 이를 보통 '주기는 진동수의 **역수**이고, 진동수도 주기의 역수다'라고 표현합니다.

그리고 매질이 제일 높은 곳에서 제일 낮은 곳까지 진동할 때 이 거리의 절반을 진폭이라고 합니다. 진폭이 크다는 것은 같은 시간에 더 많이 움직인다는 뜻이니 그만큼 속도가 빠른 것이고 따라서 에너지도 큽니다. 그래서 진폭이 크면 파동의 세기도 커집니다. 빛은 더 밝아지는 것으로 나타나고, 소리는 크기가 더 커지는 것으로 나타납니다.

그리고 이웃한 마루에서 마루까지 혹은 골에서 골까지의 거리는 파장이라고 합니다. 주로 그리스 대문자 λ(람다)로 표시합니다.

☑ **역수** 곱하여서 1이 되는 두 수의 각각을 다른 수에 대하여 이르는 말입니다.

그런데 파동에서는 이 파장과 진동수가 꽤 밀접한 관계를 맺습니다. 파동의 경우 매질이 같으면 속도도 같습니다. 예를 들어 공기 중에서 소리는 보통 1초에 140m 정도를 갑니다. 그런데 음이 낮은 소리는 파장이 깁니다. 음이 높은 소리는 파장이 짧습니다. 하지만 파장이 길다고 속도가 빠르거나, 파장이 짧다고 속도가 느리진 않습니다. 높은 소리든 낮은 소리든 같은 속도로 간다는 뜻이죠. 그래서 파장이 긴 소리는 진동수가 적습니다. 파장이 짧은 소리는 반대로 진동수가 많습니다.

예를 들면 두 친구가 있는데 한 친구는 키도 아주 크고 다리도 길고, 다른 친구는 키가 작고 다리도 짧다고 생각해 봅시다. 두 친구가 같이 걸어가려면 다리가 긴 친구가 두 걸음을 걸을 때, 다리가 짧은 친구는 세 걸음이나 네 걸음을 걷게 될 것입니다. 다리가 긴 친구는 아무래도 한 걸음의 폭이 길기 때문입니다. 바로 이렇게 파동도 파장이 길면 진동수가 적고, 파장이 짧으면 진동수가 많게 되어 있습니다. 결국 파동의 속력은 파장과 진동수를 곱한 값이 되는 것입니다.

꺾이고 반사하고

파동에는 일반적인 물질에서는 볼 수 없는 특별한 성질들이 있는데 그중 가장 대표적인 것이 굴절입니다. 간단히 말해서 파동이 앞으로 나아가다가 다른 성질의 매질을 만나면 꺾이는 성질입니다. 굴절이 일어나는 이유는 매질의 성질이 달라지면서 속도가 바뀌기 때문입니다. 소리의 경우 기체에서 가장 느리고, 액체에서 더 빠릅니다. 가장 빠른 건 고체를 지나갈 때입니다. 그래서 옛날 인디언들은 멀리서 적이 오는 소리를 들으려고 땅에다 귀를 대고 탐색하기도 했습니다. 이런 굴절 현상은 우리 생활 곳곳에서 관찰되고, 또 사용됩니다.

멀리 있는 물체가 잘 보이지 않는 경우, 우리는 오목렌즈로 된 안경을 씁니다. 반대로 작은 물체를 확대해서 보려고 돋보기를 사용할 때는 볼록렌즈를 이용합니다. 이들 모두 렌즈를 통과할 때 빛이 꺾이는 성질을 이용한 것입니다. 또 물속의 물체를 볼 때 원래 깊이보다 조금 더 위쪽에 있는 것처럼 보이는 현상도 굴절에 의한 것입니다.

하지만 가장 재미있는 것은 속담처럼 '낮말은 새가 듣고, 밤말은 쥐가 듣는다.'는 사실입니다. 소리는 같은 공기를 지나더라도 온도에 따라서 조금씩 속도가 다릅니다. 온도가 높은 곳에선 속도가 빠르고, 온도가 낮은 곳에선 속도가 느립니다. 굴절은 항상 속도가 빠른 쪽에서 느린 쪽으로 이루어집니다. 따라서 소리는 온도가 높은 곳에서 온도가 낮은 곳으로 꺾이게 됩니다.

낮에 태양이 하늘 높이 뜨면 햇빛에 땅이 달궈집니다. 땅에 가까운 공기 온도는 더 올라가고, 높은 곳의 공기 온도는 덜 올라갑니다. 따라서 소리의 속도는 아래쪽이 위쪽보다 빠릅니다. 결국 소리가 아래쪽에서 위쪽으로 꺾이게 되어 하늘 위를 나는 새가 소리를 잘 듣게 됩니다.

밤이 되면 공기가 식는데 이때 땅에 가까운 쪽의 온도가 더 많이 내려갑니다. 낮과는 반대입니다. 그래서 이번엔 위쪽의 공기보다 아래쪽 공기가 더 차갑습니다. 그러다 보니 아래쪽 공기에서 속도가 더 느려지게 되어, 이제 소리는 위쪽에서 아래쪽으로 꺾이게 됩니다. 그래서 밤에는 땅에 있는 쥐가 소리를 더 잘 듣게 되는 겁니다. '낮말은 새가 듣고, 밤말은 쥐가 듣는다.'는 속담에 과학적 근거가 있는 것입니다.

〈낮말은 새가 듣고 밤말은 쥐가 듣는다〉

해안선도 이런 굴절의 영향을 받습니다. 바다를 향해 튀어나온 육지를 곶이라고 합니다. 반대로 바다가 육지 쪽으로 들어온 곳은 만이라고 합니다. 바다에서는 먼바다에서 해안 쪽으로 항상 파도가 밀려옵니다. 이 파도도 파동이기 때문에 굴절이 일어납니다.

파도는 주로 곶을 향해 꺾이게 됩니다. 그 이유는 물결파의 속도는 깊이가 결정하기 때문입니다. 깊이가 깊은 곳은 바닥과의 마찰이 적어서 물결파의 속도가 빠릅니다. 반대로 얕은 곳은 속도가 느립니다. 그런데 굴절은 속도가 빠른 곳에서 느린 곳으로 이루어진다고 했습니다. 따라서 물결파는 깊은 곳에서 얕은 곳으로 굴절됩니다.

곶처럼 육지가 튀어나온 곳은 부근 바다의 수심이 얕아 파도가 밀려들게 되어 점차 깎여나갑니다. 즉 물결파의 파동에너지가 곶으로 집중되어 곶을 이루는 바위를 깎아내서 밋밋하게 되는 것입니다.

반대로 만은 파도에 의한 침식작용은 적고, 파도에 밀려온 모래가 쌓여 점차 메꿔지게 됩니다. 결국 튀어나온 곳은 깎이고 들어간 곳은 메꿔지니 처음에는 복잡하던 해안선이 점차 완만한 모양으로 변하게 됩니다.

파동의 성질 중에는 반사도 있습니다. 파동이 진행하다가 성질이 다른 매질을 만나면 부딪쳐 튀어나오는 성질입니다. 거울이 대표적입니다. 빛이 거울의 표면과 만나면 더는 전진을 하지 못하고 반대쪽으로 반사되어 나오기 때문에 우리는 거울에 비친 자신의 모습을 볼 수가 있습니다. 우리가 사물을 볼 때도 마찬가지입니다. 여러분이 친구 얼굴을 본다는 것은 친구 얼굴에서 반사된 빛을 보는 것입니다.

빛만 반사되는 것은 아닙니다. 소리도 반사가 됩니다. 산에서 "야호!" 하고 외치면 그 소리가 건너편 산에 맞고 반사되어 들리는 것이 메아리입니다. 그런데 요즘에는 산에서 크게 외치지 말아야 합니다. 산에 사는 동물들이 그 소리에 놀라서 알을 품고 있다가 깨트리기도 하고, 잠을 자다 놀라 깨기도 합니다.

소리의 반사를 과학에 응용하는 경우로 초음파 검사가 있습니다. 엄마의 배 속에 있는 아기가 잘 자라는지 확인하기 위해 초음파 검사를 하는데, 이때 초음파가 배 속의 아기에게 맞고 반사된 것을 우리가 보는 것입니다. 또 욕조에서 물 표면을 치면 물결파가 일어 앞으로 갔다가 욕조 벽에 맞고 반사되는 모습도 흔히 볼 수 있습니다. 어부들은 이 초음파를 이용하여 물고기를 찾습니다. 물고기가 없는 곳은 초음파가 바닥까지 갔다가 오니 시간이 오래 걸리고, 물고기 떼가 있는 곳은 물고기 떼에서 반사가 되니 조금 더 빨리 돌아옵니다. 이 차이를 이용하여 물고기 떼를 찾습니다.

이런 반사에는 하나의 규칙이 있습니다. 매질과 매질 사이의 경계면에 수직인 선을 **법선** 이라고 합니다.

법선 반사되는 면에 수직인 선입니다.

파동이 이 경계면에 부딪힐 때 법선과 이루는 각을 입사각이라고 하고, 반사된 파동이 법선과 이루는 각을 반사각이라고 합니다. 그런데 이 둘은 언제나 같습니다. 그래서 우리는 키보다 작은 거울에서도 전신을 모두 볼 수 있습니다. 이론적으로 어느 정도의 길이면 발끝부터 머리끝까지 모두 볼 수 있을까요? 딱 자기 키의 절반이면 모두 볼 수 있습니다. 물론 여유 있게 보려면 그보다 조금은 더 긴 것이 좋습니다.

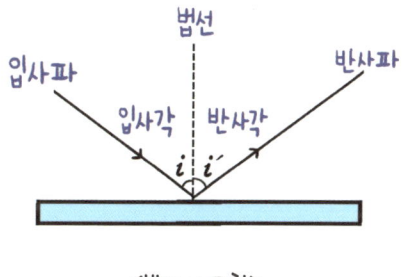

<반사의 규칙>

그런데 원래 내 몸보다 더 뚱뚱하거나, 더 호리호리하게 보이는 거울도 있습니다. 바로 볼록거울과 오목거울입니다.

볼록거울은 반사하는 빛이 퍼지게 하는 성질이 있습니다. 그래서 볼록거울로 보면 항상 내 모습이 더 작아 보입니다. 그리고 거울의 모양 때문에 좀 뚱뚱하게 보입니다. 승용차의 사이드미러도 볼록거울을 씁니다. 크기가 작은 대신 더 넓게 볼 수 있기 때문입니다. 다만 작아서 멀리 있는 것처럼 보이기 때문에 '사물이 보이는 것보다 가까이 있음'이라고 경고가 쓰여 있습니다.

↑ 볼록거울을 사용하는 사이드미러

반대로 오목거울은 반사하는 빛을 한곳에 모으는 성질이 있습니다. 그래서 가까이서 보면 원래보다 커 보입니다. 그리고 거울 모양 때문에 좀 홀쭉하게 보이기도 합니다. 하지만 멀리 떨어져서 보게 되면 상하가 뒤집힌 원래 크기보다

← 오목거울을 사용하는 자동차 전조등

작은 모습을 보게 됩니다. 휴대용 전등이나 자동차 전조등처럼 빛을 모아야 할 때 많이 쓰입니다.

　옛날 사람들은 오목거울로 빛을 모아 불을 피우기도 했습니다. 올림픽의 근원지인 그리스에서는 올림픽의 시작을 알리는 성화를 붙일 때 오목거울을 사용했는데, 이러한 전통은 현재까지 이어지고 있습니다.

　볼록거울이나 오목거울이 없어서 직접 실험해보기 힘들다면 간단하게 주변에서 확인할 수 있는 것이 있습니다. 집에 있는 숟가락을 잘 닦고 앞면을 보면 오목거울에 보이는 것과 비슷한 모습을 볼 수 있습니다. 반대로 숟가락 뒷면으로 보면 볼록거울 모양으로 보입니다.

숟가락으로 직접 확인해 봐!

2장
일한다는 것

일인 듯 일 아닌 일

우리는 각자 해야 하는 일이 있습니다. 밥을 먹는 일, 운동을 하는 일, 청소를 하는 일, 쓰레기를 버리는 일 등 다양한 일을 합니다. 그러나 물리학에서 말하는 일은 이런 일과는 다릅니다. 물리에서의 일은 '힘'을 줘서 물체를 이동시키는 것입니다. 그 결과, 일을 한 사람은 일의 양만큼 에너지를 잃고, 일을 받은 사람은 그 양만큼 에너지를 얻게 됩니다. 그럼 일의 양은 어떻게 계산할 수 있을까요? 힘과 그 힘으로 물체가 이동한 거리를 곱하면 그게 바로 일의 양이 됩니다. J은 일과 에너지의 단위로 '줄'이라고 읽습니다.

> **더 알아보기**
>
> **제임스 프레스콧 줄(James Prescott Joule, 1818~1889)**
> 열에너지가 일로 변할 때 그 양이 얼마가 되는지를 처음으로 측정했던 영국의 과학자입니다. 일과 에너지의 단위인 'J(줄)'은 그의 이름을 따서 붙였습니다. 에너지의 단위로는 Cal(칼로리)도 쓰입니다. 칼로리는 사실 줄보다 더 자주 접하는데 다이어트를 위해 음식물이 가진 에너지를 확인할 때 쓰는 단위이기 때문입니다.

일(W) = 힘 X 이동 거리

5N[✓]의 힘을 주어서 책상을 10m 이동시키면 일의 양은 50J이 됩니다. 그런데 겉으로 보기엔 열심히 일한 듯 보이지만 물리적으로 일이 아닌 것들이 있습니다. 마치 여러분이 책상에 오래 앉아 있었지만 공부한 건 하나도 없는 것과 비슷하다고나 할까요? 꽤 일을 많이 한 것 같은데 일을 하지 않은 건 물리적으로 보았을 때 결국 에너지를 넘기지 못한 게 됩니다. 이렇듯 과학에서의 일을 하지 않은 경우 즉, 일의 양이 0이 되는 데는 총 3가지 경우가 있습니다.

먼저 힘을 주지 않은 것입니다. 아주 미끄러운 얼음판이 있다고 합시다. 그 얼음판 위에 아주 가벼운 썰매가 있습니다. 이제 여러분이 손가락 끝으로 가볍게 툭 칩니다. 마찰력이 없다고 가정하면 썰매는 얼음판이 끝나는 곳까지 같은 속도로 계속 미끄러집니다. 하지민 여러분은 손끝으로 아주 살짝 친

[✓] **N** 뉴턴이라고 읽는 힘의 단위입니다.

것 이외에는 힘을 준 적이 없습니다. 다시 말해서 가볍게 툭 친 것을 빼고, 빙판 위에서 힘을 주지 않으면 아무리 오래, 아무리 멀리 움직여도 일을 한 것이 아닙니다. 일하려면 에너지를 주어야 하는데, 힘을 주지 않으면 에너지를 건네줄 방법이 없기 때문입니다.

두 번째로 움직이지 않는 경우입니다. 방에서 벽에다 두 손을 대고 힘껏 밉니다. 그런데 벽은 전혀 움직이지 않습니다. 이런 경우도 일의 양은 0입니다. 억울한 기분이 들 수도 있습니다. 내가 그렇게 땀을 뻘뻘 흘리면서 힘을 줬는데 한 일이 0이라니 헛심을 쓴 것 같습니다. 이런 경우 나는 에너지를 주긴 했습니다만 그 에너지가 벽을 움직이는 데 쓰인 게 아니라 벽과 연결된 여러 곳의 온도를 올리는 데 쓰였을 뿐입니다. 그리고 그 열에너지는 주변의 공기들을 데우는 데 쓰이면서 퍼져 버린 것입니다. 그래서 정작 벽은 에너지를 얻지 못한 것입니다.

세 번째로 힘의 방향과 물체가 움직이는 방향이 수직이면 일을 한 것이 아닙니다. 원

운동이 대표적인 예입니다. 달은 지구 주위를 공전하고 있습니다. ☑

　이렇게 원운동을 하려면 누군가가 원의 중심에서 달을 끌어당겨야 합니다. 물론 지구의 중력이 달을 끌어당기고 있는 것입니다. 그렇다면 중력이라는 힘이 있고, 또 계속 원운동을 하며 움직이니 달의 에너지가 늘어나야 할 것입니다. 하지만 달은 속도가 빨라지지도 않고, 더 뜨거워지지도 않습니다. 즉 달의 에너지는 증가하지 않는 것입니다. 이유는 달을 끌어당기는 중력과 달의 운동 방향이 완전히 수직이기 때문입니다. 이렇게 힘이 운동하는 물체에 수직으로 작용하면, 힘은 물체의 운동 방향을 바꾸는 것에만 쓰이고, 속도의 증가에는 전혀 쓰이지 못하기 때문에 일의 양은 0이 됩니다. 달 뿐만이 아니라 지구 주위를 도는 인공위성도 마찬가지입니다. 물론 태양 주위를 거의 원에 가깝게 도는 지구를 비롯한 여러 행성도 마찬가지입니다.

☑ 달의 경우 엄밀하게 말하자면 원운동이 아닙니다. 정확히 말하면 거의 원운동에 가까운 타원궤도입니다. 더군다나 달은 만들어진 이후 지금껏 조금씩 멀어지고 있습니다. 과학자들의 연구에 따르면 달은 일 년에 약 3.5cm씩 지구에서 멀어지고 있습니다.

일 좀 잘하니?

대호와 민수가 동네 노인 대학에 봉사 활동을 나왔습니다. 오늘은 할 일이 가득합니다. 일단 1층의 의자 60개를 2층으로 옮겨야 한답니다. 그래도 이왕 나온 봉사 활동이니 어떻게 하겠습니까? 둘은 열심히 의자를 날랐습니다. 그러면서 서로 자기가 나른 의자 개수를 세었습니다. 대호는 총 25개를 나르고 민수는 35개를 날랐습니다. 일이 다 끝나고 민수가 대호에게 으스대며 말했습니다.

"내가 일을 좀 잘하지. 하하!"

과학에서도 일을 잘한다 못 한다는 구분이 있을까요? 당연히 있습니다. 과학에서 말하는 일을 얼마나 잘하는가는 '같은 시간에 누가 더 많은 일을 하는가'입니다. 이를 **일률**☑ 이라고 합니다.

☑ **일률** 일의 능률을 말합니다.

가령 대호는 2시간 동안 의자를 나르면서 총 1200J의 일을 했고, 민수는 3시간 동안 1500J의 일을 했다고 칩시다. 그러면 1시간 동안 한 일의 양은 각각 얼마가 될까요? 대호는 1시간에 600J의 일을 한 셈이고, 민수는 1시간에 500J의 일을 한 셈이 됩니다. 따라서 같은 시간 동안 한 일은 대호가 더 많은 셈입니다. 이번엔 대호가 으스댈 차례입니다.

지금은 1시간으로 나눴지만 원래 물리학에서는 초로 나눕니다. 따라서 일률은 기본적으로 '1초에 한 일' 또는 '1초에 할 수 있는 일의 양'을 뜻합니다. 이때 일률의 단위로는 와트(W)를 씁니다. 식으로 쓰면 다음과 같습니다.

$$일률(P) = \frac{한\ 일의\ 양}{걸린\ 시간}$$

더 알아보기

제임스 와트(James Watt, 1736~1819)
증기기관을 개량하여 산업혁명이 일어나는 데 큰 공을 세운 영국의 기술자입니다. 당시 가장 권위 있었던 영국의 학술협회는 그의 이름을 따서 일률의 단위를 와트로 정했습니다. 옛날에는 일률의 단위로 마력(HP)을 쓰기도 했습니다. 마력은 말 한 마리가 하는 평균 일의 양을 뜻합니다. 현재는 차의 모터가 할 수 있는 일의 양 등에 쓰이긴 합니다만 아무래도 와트가 더 널리 쓰이고 있습니다.

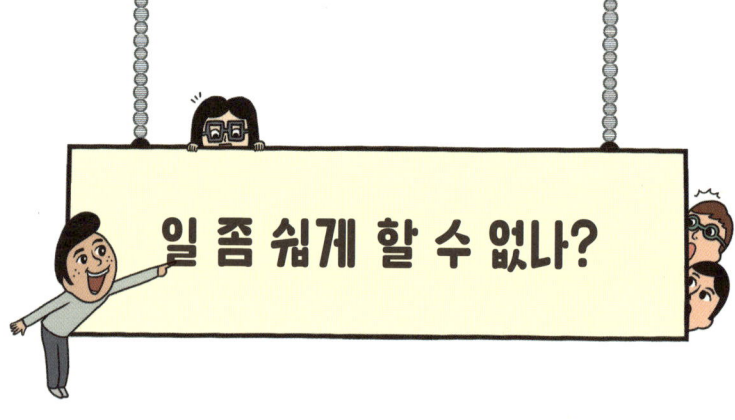

(1)지레

　대호와 민수는 힘들게 일을 하고 돌아오며 1층과 2층 사이에 에스컬레이터나 엘리베이터가 있었으면 일하기가 훨씬 쉬웠을 거라는 말을 주고받았습니다. 그렇습니다. 여러 가지 도구를 이용하면 좀 더 편하게 일을 할 수 있을 겁니다.

　과학에서 말하는 일도 마찬가지입니다. 도구를 이용하면 좀 더 편하게, 그리고 힘을 덜 들이고 일하는 것이 가능합니다. 사람들은 기원전부터 이런 도구를 이용해서 일을 해왔습니다. 고대 그리스의 과학자였던 아르키메데스는 '나에게 충분히 긴 지레와 받침점을 주면 지구도 들어 올릴 수 있다.'라고 말한 것으로 유명합니다. 사실 그가 한 원래의 말은 '충분히 긴 지레와 받침점, 그리고 받침점을 놓을 수 있는 적당한 장소를 준다면 지구라도 들어 보이겠다.'였습니다. 정말 그럴 수 있을까요? 지금부터 찬찬히 살펴봅시다.

　그림처럼 지레는 받침과 긴 막대기만 있으면 됩니다. 한쪽 끝에 물체를 얹어 놓고 반대편에서 힘을 주어 내리면, 물체가 올라가는 구조입니다. 이때 받침을 물체 쪽에 가까이 놓고 힘을 준다고 생각해 보면 그림처럼 내가 지레의 한쪽 끝을 잡고 내린 이동 거리와 반대쪽 물체가 올라간 이동 거리가 서로 다른 것을 알 수 있습니다. 내가 지레를 내린 이동 거리가 훨씬 깁니다.

　이동 거리의 차이가 어떤 결과를 가져올까요? 앞서 우리가 일에 대해서 살펴본 것을 잘 생각해 봅시다. 일은 힘의 크기와 물체가 움직인 이동 거리를 곱한 값이라고 했습니다. 그리고 지레를 써서 일했다면, 내가 지레에 해 준 일의 양과 지레가 물체에 해 준 일의 양은 서로 같을 것입니다. 그런데 내가 지레를 내린 이동 거리가 더 기니까 내가 준 힘이 지레가 물체를 들어 올리느라 준 힘보다 작아야 합니다. 즉 **나의**

힘×지레가 내려간 이동 거리=지레가 준 힘×물체가 올라간 이동 거리'라는 식이 성립해야 합니다.

내가 지레를 내린 이동 거리가 물체가 올라간 이동 거리의 두 배라고 한다면 지레가 준 힘은 나의 힘의 두 배가 되어야 합니다. 따라서 나는 원래 물체를 들어 올릴 때 써야 할 힘의 반만 쓰면 됩니다.

만약 받침점을 물체 쪽으로 더 가까이 가져가면 지레가 내려가는 길이와 물체가 올라가는 높이의 비가 더 커질 것입니다. 그러면 이전보다 내가 주어야 할 힘이 더 줄어들 것입니다. 바로 이것이 지레라는 도구를 이용하는 가장 중요한 이유입니다.

써야 하는 힘이 줄어든다니 완전 이득입니다. 그런데 세상일이 모두 그렇듯이 이득만 볼 순 없습니다. 과연 어디에서 손해를 본 걸까요? 우리는 이동 거리에서 손해를 봤습니다. 힘을 반을 들이려면 지레를 내리는 이동 거리가 두 배가 되어야 하고, 힘을 1/4로 줄이려면 이동 거리가 네 배가 되어야 합니다.

하지만 그 정도 손해라면 도구를 이용할 만합니다. 그래서 지금까지 수천 년 동안 많은 사람들이 지레를 이용해서 일했던 것입니다. 지레는 생각보다 우리 생활에 많이 쓰입니다. 가위, 손톱깎이, 병따개, 호두까기, 손수레 등이 모두 지레의 원리를 이용해서 힘의 이득을 보는 도구들입니다.

그런데 도구 중에는 들어가는 힘을 오히려 늘리는 때도 있답니다. 젓가락이나 핀셋 같은 경우가 그 예입니다. 그냥 손가락으로 집으면 별로 힘들 것도 없는 지우개를 젓가락으로 들어보면 생각보다 힘이 많이 듭니다. 이유는 젓가락도 일종의 지레인데 힘을 주는 곳, 즉 손가락 끝에서 받침점인 엄지손가락과 검지 사이 부분까지의 거리가 물체를 집는 젓가락 끝에서 받침점 사이의 거리보다 가깝기 때문입니다. 즉 힘점과 받침점 사이 거리가 작용점과 받침점 사이 거리보다 가까워서 거리에선 이득을 보고 대신 힘에서 손해를 보게 됩니다. 이런 지레를 3종 지레라고 합니다. 물체를 보다 멀리 움직이게 하려고 힘의 손해를 보는 것입니다.

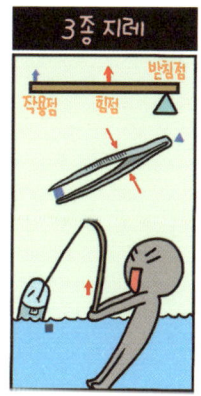

1종 지레는 각 점의 순서가 작용점-받침점-힘점이고 2종 지레는 받침점-작용점-힘점의 순서입니다. 2종 지레는 항상 힘점에서 받침점 사이의 거리가 작용점과 받침점 사이의 거리보다 멀어서 거리에선 손해, 힘에선 이득을 보게 됩니다. 하지만 1종 지레의 경우에는 받침점을 어느 지점에 놓느냐에 따라 거리의 이득을 볼 수도 있고, 힘의 이득을 볼 수도 있습니다. 물론 둘 다 이득을 볼 순 없습니다.

(2)도르래와 빗면

일을 좀 더 쉽게 하는 도구는 지레만이 아닙니다. 도르래도 일을 쉽게 하게 만듭니다. 도르래는 두 가지 원리를 통해서 일을 쉽게 할 수 있도록 해 줍니다. 일의 방향을 바꾸고, 들어가는 힘을 줄여 줍니다.

일의 방향을 바꾸는 것은 사람의 몸 구조 때문입니다. 사람은 허리를 구부리고 아래쪽의 물건을 위로 들어 올리는 일보다 허리를 펴고 위쪽의 물건을 아래로 잡아당기는 것이 더 편합니다. 인체 구조가 그런 일에 적합하기 때문입니다. 이렇게 사람이 일하기 쉽게 방향을 바꾸는 장치가 고정도르래입니다. 천장에 고정되어 있다고 해서 이름도 '고정'도르래입니다.

일에 들어가는 힘을 줄이는 방식의 도르래는 들어 올릴 물체가 무거울 때 사용합니다. 아무리 방향을 바꿔도 그 무게가 어마어마하면 아예 들어 올릴 엄두도 내지 못합니다. 이럴 때 사용하는 것은 움직도르래입니다. 움직도르래는 물체 무게의 절반만 힘을 주면 물체를 들어 올릴 수 있게 해 줍니다. 움직도르래에 연결된 물체를 1m 들어 올리려고 합니다. 그렇게 하려면 움직도르래가 1m 올라가야 합니다. 움직도르래는 긴 줄의 가운데 있어서 줄이 양쪽에서 1m씩 올라가야 합니다. 결국 우리는 움직도르래를 2m 잡아당겨야 합니다. 앞서 지레에서 보았듯이 이동 거리가 늘어나면 힘이 줄어듭니다. 이동 거리가 두 배가 되었으니 들어가는 힘은 반으로 줄게 됩니다.

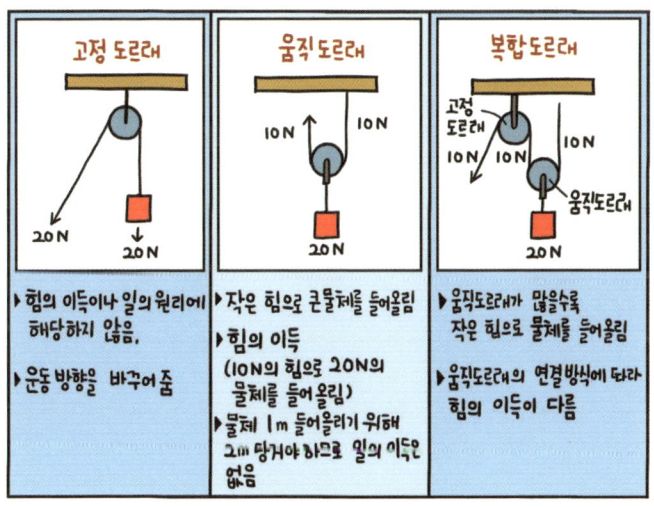

〈도르래의 종류와 원리〉

이번엔 움직도르래 2개를 연달아 연결합니다. 물체를 1m 들어 올리려면 1번 도르래가 1m 올라가야 합니다. 그럼 도르래가 얹혀 있는 줄이 2m 줄어야 하니 2번 도르래는 2m 올라가야 합니다. 2번 도르래가 얹혀 있는 줄은 그럼 4m 줄어야겠지요? 우리는 줄을 4m 잡아당기게 되니, 이제 힘은 1/4로 줄어듭니다. 세 번째

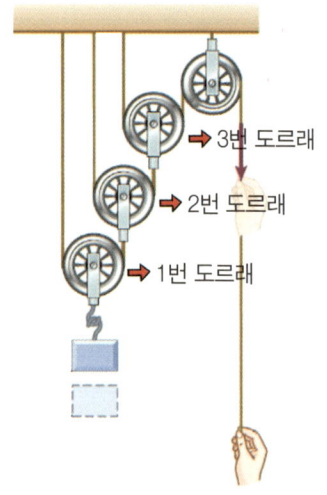

로 움직도르래 3개를 연결합니다. 물체와 1번 도르래가 1m 올라가려면 2번 도르래가 2m 움직여야 하고, 2번 도르래가 2m 올라가려면 3번 도르래는 4m 움직여야 합니다. 그러려면 이제 우리가 잡아당기는 줄의 길이는 8m가 되어야 합니다. 줄의 길이가 8배 늘어나니 힘은 1/8로 줄어듭니다. 이렇게 움직도르래를 이용하면 들어가는 힘이 굉장히 줄어듭니다. 도르래를 4개 연결하면 힘은 1/16로 줄어들고, 5개 연결하면 1/32로 줄어듭니다. 물론 그만큼 줄을 많이 잡아당겨야 합니다.

빌딩을 짓는 건설 현장을 보면 아주 무거운 물건을 들어 올리는 타워크레인을 볼 수 있습니다. 이런 크레인이 몇 톤

씩 나가는 무거운 물체를 들어 올릴 수 있는 것은 바로 이런 움직도르래를 여러 개 설치하여 이용하기 때문입니다. 건설 현장뿐만 아니라 항구의 부두나 배를 만드는 조선소 등 무거운 물체를 움직여야 하는 곳에선 움직도르래를 이용한 기중기가 어디나 사용되고 있습니다.

도르래가 현대에서만 사용된 것은 아닙니다. 조선 후기 정조 대왕이 수원성을 지을 때도 정약용 학자가 거중기라는 복합도르래를 이용한 기계를 발명하여 사용했습니다. 앞서 지레 이야기 때 등장했던 아르키메데스도 복합도르래를 이용해서 항구의 배를 끌기도 했답니다.

여러분은 등산을 해 본 적이 있나요? 처음에는 뛰어 올라가더라도 오르막길이라 차츰 지쳐 천천히 걸어 올라가게 됩니다. 등산로는 생각보다 길게 마련입니다. 직선으로 만들면 정상까지 금방 갈 텐데, 왜 길을 지그재그로 왼쪽 오른쪽을 왔다 갔다 하게 만들었을까요?

산 정상까지 직선으로 길을 놓으면 너무 가파르기 때문입니다. 지하철에서 내려 지상으로 올라갈 때, 계단을 걸어 올라가면 경사가 가팔라서 힘든 경우와 비슷합니다. 위로 올라갈 때는 중력의 반대 방향으로 일을 하게 되기 때문에 우리 몸무게만큼의 일을 해야 합니다. 그래서 이렇게 올라가야 하는 경우 경사가 완만하면 힘이 덜 들게 됩니다. 이것을 빗면의 원리라고 합니다.

지레와 도르래의 원리에서 봤듯이 길이가 손해면 힘에선 이득입니다. 그래서 등산로도 이리저리 구불구불하게 만들어서 길이로는 손해지만 힘이 덜 들게 만든 것입니다.

이런 원리는 우리의 일상생활에서도 자주 접하게 됩니다. 나사못의 경우를 봅시다. 나사못은 드라이버로 돌려서 나무에 박게 된 것입니다. 같은 크기와 재질의 일반 못보다 훨씬 박기가 쉽습니다. 이유는 그림처럼 나사가 일종의 빗면과 같은 역할을 해서입니다. 또한 나무나 돌 틈새에 박아 넣어 쪼갤 때 사용하는 도구인 쐐기도 마찬가지입니다. 쐐기의 끝이 좁을수록 작은 힘으로 큰 효과를 얻을 수 있습니다. 그리고 돌려서 여는 병뚜껑은 나사선이 병뚜껑과 병 입구에 있어서 돌려서 열거나 닫기 편하게 만듭니다.

〈빗면의 원리를 이용한 나사못과 쐐기〉

(3)에네르기파

　제가 좋아하는 일본 만화 중에 '드래곤볼'이 있습니다. 이 만화의 주인공은 손오공인데 무천도사에게 배운 주무기는 에네르기파입니다. 두 손을 모아 손바닥에서 쏴 지르는 에네르기파엔 당할 재주가 없습니다. 그런데 이 에네르기란 말은 뭘까요? 알파벳으로 쓰면 energy입니다. 즉 에너지와 같습니다. 일본은 20세기 초에 유럽 대륙으로부터 여러 가지 문물을 수입하는데 과학도 마찬가지였습니다. 그런데 유럽 대륙의 프랑스나 독일은 energy를 에네르기라고 읽었고, 그 영향으로 일본도 에네르기라는 말이 대중화된 것입니다. 영어권에서의 발음은 당연히 에너지입니다.

　에너지란 무엇일까요? 흔히들 에너지를 아껴야 한다, 열에너지니 전기에너지니 말들을 많이 하지만 정작 에너지가 뭔지에 대해선 잘 모릅니다. 에너지는 원래 그리스어 에너존(energon)에서 온 말입니다. 에너지란 한마디로 '일을 할 수 있는 능력'입니다. 단위는 일의 단위와 같이 줄(J)을 사용합니다. 앞에서 일은 에너지를 넘겨주는 것이라고 했습니다. 에너지를 전달하여 물질의 속력을 높이거나 결합된 물질을 나누는 등의 일을 할 수 있다는 정도로만 이해해도 됩니다.

에너지는 여러 가지 형태로 존재합니다. 온도가 높은 물질은 열에너지를 많이 가지고 있고, 속도가 빠른 물질은 운동에너지를 많이 가지고 있습니다. 고무줄이나 용수철이 늘어나면 탄성력에 의한 에너지를 가지고, 석유나 석탄은 화학에너지를 가지고 있습니다. 이렇듯 많은 종류의 에너지가 있는데 그중 운동에너지와 위치에너지를 모아서 **역학적 에너지**라고 합니다. 역학적 에너지에 대해서 좀 더 자세히 알아보겠습니다.

☑ **역학적 에너지** 물체의 속력에 의해 결정되는 운동에너지와 물체의 위치에 의해 결정되는 위치에너지의 합입니다. 외부의 간섭이 없다면 운동에너지와 위치에너지의 합은 일정하게 유지됩니다.

과속은 위험해!
운동에너지

 영화에서 많이 나오는 장면입니다. 악당이 안에서 문을 걸어 잠그고 나쁜 짓을 하려고 합니다. 문밖의 주인공은 애가 탑니다. 주먹으로 치고, 발로 차도 문은 꿈쩍도 하지 않습니다. 주인공은 문에서 약간 멀찌감치 떨어져선 달려가 온몸으로 문에 부딪칩니다. 그제야 문은 부서지고 주인공은 악당과 마주 서게 됩니다.

 주먹으로 때리고 발로 차도 꿈쩍 않던 문은 왜 달려가서 부딪치면 부서질까요? 이유는 주인공이 가진 에너지가 일했기 때문입니다. 이렇게 움직이는 물체가 가지고 있는 에너지를 '운동에너지'라고 합니다.

 운동에너지가 무엇과 어떤 관계인지를 확인하기 위해 실험을 해 봅시다. 먼저 무선 장난감 차를 준비합니다. 그리고 한쪽에 차가 부딪칠 나무토막을 준비하고 부딪칠 부분에 쿠션 역할을 해 줄 수건을 붙여놓습니다. 이제 무선 조종으로 차를 몰아 나무토막에 부딪칩니다. 차에 부딪힌 나무토막이 밀려나는 거리를 측정합니다.

　이번엔 무선 장난감 차를 두 배의 속력으로 부딪칩니다. 이번에도 나무토막이 밀려난 거리를 측정합니다. 그리고 한 번 더, 이번엔 세 배의 속력으로 부딪칩니다. 그리고 거리도 측정합니다.

　세 번의 실험을 통해 우리는 속력과 운동에너지의 관계를 알 수 있습니다. 나무토막은 밀려나면서 바닥과의 마찰력에 의한 일을 합니다. 그 일의 양은 나무토막이 밀려난 거리로 알 수 있습니다. 그리고 그 일은 장난감 차가 해 준 일의 양이기도 합니다. 장난감 차가 해 준 일은 차가 가지고 있던 운동에너지가 전환된 것입니다. 따라서 우리는 거리를 비교해서 차가 가지고 있던 운동에너지의 크기를 비교할 수 있습니다. 실험실에서 정밀하게 측정한 결과를 보면 다음과 같습니다.

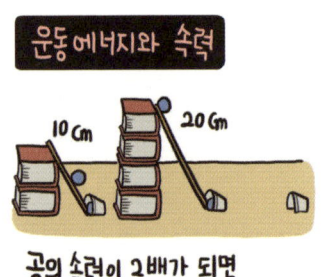

공의 속력이 2배가 되면 종이컵의 이동 거리는 4배가 된다.

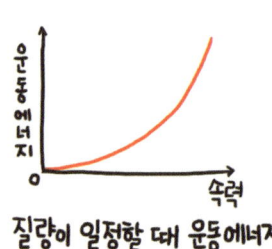

질량이 일정할 때 운동에너지는 물체의 속력의 제곱에 비례한다.

차의 속력이 두 배가 되면 나무토막이 밀려난 거리는 네 배가 됩니다. 속력이 세 배가 되면 나무토막이 밀려난 거리는 무려 아홉 배가 됩니다. 좀 더 확인하기 위해 속력을 네 배로 하면 밀려난 거리는 열여섯 배가 됩니다. 즉 속력의 제곱에 비례하는 것입니다. 이를 통해 우리는 운동에너지는 속력의 제곱에 **비례**한다는 사실을 알 수 있습니다.

버스나 자가용을 타고 가다 보면 도로 곳곳에 '과속 금지'라는 표지가 있는 걸 볼 수 있습니다. 과속이 위험한 것은 바로 앞의 실험에서 알 수 있습니다. 시속 50km의 속력으로 달리던 차 앞에 사람이 있는 것을 보고 브레이크를 밟았다고 생각해 봅시다. 브레이크를 밟은 후 약 20m 정도를 가다 차는 멈추었다고 가정합니다. 그런데 이 차가 시속 100km로 달리면 어떻게 될까요?

☑ **비례** 두 개의 수나 두 개의 양이, 한쪽이 2배나 3배로 늘어나면 그와 관련 있는 다른 쪽의 수나 양도 2배나 3배로 늘어나는 것을 말합니다.

운동에너지는 속도의 제곱에 비례하니까 속도가 두 배가 되면 네 배의 에너지를 가집니다. 그러면 이번에 차가 멈추려면 네 배의 거리, 즉 80m를 가야 멈출 수 있습니다. 그만큼 더 위험한 것입니다. 더구나 만약 앞의 차와 충돌이라도 한다면 더 많은 운동에너지를 가지고 있으므로 충격도 그만큼 더 커집니다.

이번에는 다른 실험을 해 봅시다. 앞서 한 실험에서는 차의 속력을 바꾸면서 실험을 했지만 이번에는 질량을 바꾸면서 실험을 해 봅니다. 먼저 질량이 1kg인 장난감 차를 나무토막에 부딪칩니다. 두 번째에는 차에 1kg의 추를 달아 질량을 두 배로 합니다. 세 번째에는 추를 두 개 달아서 질량을 세 배로 합니다.

공의 질량이 2배가 되면 종이컵의 이동 거리도 2배가 된다.

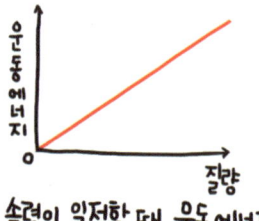

속력이 일정할 때 운동 에너지는 물체의 질량에 비례한다.

이렇게 질량을 다르게 하면서 실험을 하면 질량이 두 배가 될 때 나무토막이 밀려난 거리도 두 배가 되고, 질량이 세 배가 되면 나무토막이 밀려난 거리는 세 배가 되는 것을 확인할 수 있습니다. 즉 운동에너지는 질량에 비례한다는 사실을 알게 됩니다.

이리하여 우리는 운동에너지가 속도의 제곱에 비례하고, 질량에도 비례한다는 사실을 알게 되었습니다. 이를 식으로 써보면 아래와 같습니다. E_k는 운동에너지를 나타내고, m은 질량, v는 속도입니다.

$$E_k = \frac{1}{2} mv^2$$

☑ 질량은 우주 어디서든 변하지 않는 물질 고유의 양입니다. 무게는 이 질량을 가진 물체에 작용하는 중력의 크기를 말합니다. 따라서 무게는 위치에 따라 달라집니다. 달은 지구보다 중력이 1/6 정도밖에 되지 않아서 무게도 1/6이 됩니다.
☑ E_k 운동에너지는 영어로 kinetic energy입니다. 줄여서 간단하게 E_k라고 표현합니다.
☑ m 질량은 영어로 mass입니다. 줄여서 간단하게 m이라고 표현합니다.
☑ v 속도는 영어로 velocity입니다. 줄여서 간단하게 v라고 표현합니다.

높은 곳도 위험해!
위치에너지

    초등학교 때에는 위험한 놀이를 자주 해서 다치곤 했습니다. 대표적인 것이 학교 담 위에 올라가 뛰어내리는 놀이였습니다. 담 중에 낮은 것은 당시의 제 키 높이 정도였지만 높은 것은 제 키의 거의 두 배 가까이 높은 곳이었습니다. 낮은 곳에서 뛰어내리는 것은 별문제가 없었는데, 어느 날 친구의 부추김에 높은 곳에서 뛰어내리다가 그만 어깨가 탈골되는 부상을 입었습니다. 얼마나 아팠는지 모릅니다. 부모님께 혼도 나고, 병원에 가서 아프게 치료도 받았던 기억입니다.

더 알아보기

위치에너지
위치에너지는 영어로 potential energy로 씁니다. 잠재된 에너지란 뜻입니다. 즉 가만히 제자리에 있으니 에너지를 가진 것처럼 보이지 않기 때문에 붙은 이름입니다. 이런 위치에너지는 중력에 대해서뿐만 아니라 탄성력이나 전기력, 자기력 등 끌어당기거나 미는 힘에 대해서도 존재합니다.

여러분은 아마도 높은 곳에서 뛰어내리면 위험하다는 사실을 잘 알 테니, 이렇게 무모한 장난을 치진 않을 겁니다.

높은 곳에서 뛰어내리면 왜 위험한 걸까요? 이유는 위치에너지가 크기 때문입니다. 위치에너지는 중력에 의해서 생기는 에너지입니다. 지구의 중력은 주변의 모든 물체를 지구 중심 쪽으로 끌어당기는 힘입니다. 그래서 손에 들고 있는 돌을 놓으면 자연스럽게 땅으로 떨어집니다. 그 중력을 거슬러 반대 방향으로, 즉 위로 올라가려면 우리 몸이 그만큼의 일을 해 줘야 합니다. 그 일로부터 받은 에너지가 위치에너지입니다. 그래서 오르막길이 내리막길보다 힘든 것입니다.

중력에 의한 위치에너지의 양을 측정하는 실험도 한번 해 봅시다. 나무토막에 긴 못을 중간 정도 박습니다. 이때 못이 나무토막 밖으로 나와 있는 부분의 길이를 먼저 잽니다. 그리고 이 나무토막을 바닥에 놓고, 30cm 정도의 높이에서 질량 1kg 정도 되는 추를 못의 머리 쪽을 향해 떨어뜨립니다. 그러고 나서 못이 나무토막에 어느 정도 더 박혔는지 확인합니다. 두 번째는 60cm 높이에서, 세 번째는 90cm 높이에서 떨어뜨려 못이 들어간 길이를 확인합니다. 이 실험은 높이에 따른 위치에너지의 크기를 재는 실험입니다.

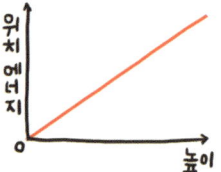

추의 높이가 2배가 되면 못이 박힌 깊이도 2배가 된다.

질량이 일정할 때 위치에너지는 물체의 높이에 비례한다.

이 실험을 해 본 결과는 높이가 두 배면 못의 이동 거리도 두 배, 높이가 세 배면 못의 이동 거리도 세 배가 되었습니다. 즉 위치에너지는 높이에 비례한다는 것을 알 수 있습니다.

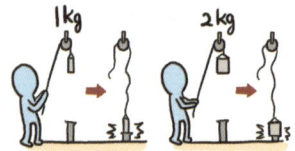
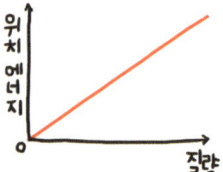

추의 질량이 2배가 되면 못이 박힌 깊이도 2배가 된다.

높이가 일정할 때 위치에너지는 물체의 질량에 비례한다.

두 번째 실험은 높이를 그대로 두고 추의 질량을 달리해서 실험해 봅니다. 처음에는 1kg, 두 번째는 2kg, 세 번째는

3kg의 추로 실험을 해 봅니다. 이번에도 추의 질량이 두 배면 못이 들어간 이동 거리도 두 배, 질량이 세 배면 이동 거리가 세 배였습니다. 즉 위치에너지는 물체의 질량에도 비례한다는 것을 알 수 있습니다.

이 두 가지 사실을 이용해서 식을 세우면 아래와 같습니다. 이때 Ep는 위치에너지를 뜻하고 m은 질량, h는 높이를 나타냅니다. 9.8이라는 숫자는 중력가속도입니다.

$$Ep = 9.8\,mh$$

더 알아보기

중력가속도
지구에 있는 모든 물체는 지구 중력의 영향을 받고 있습니다. 지구 표면 가까운 곳에서는 물체가 중력에 의해 떨어질 때, 떨어지는 물체의 가속도는 물체의 질량과 관계없이 $9.8\,m/s^2$로 일정합니다. 이것을 중력가속도라고 합니다.

공의 속도는 왜 점점 빨라질까?
역학적 에너지 보존의 법칙

오른쪽 사진은 공이 떨어지는 과정을 일정한 간격을 두고 고속 카메라로 촬영한 것입니다. 공이 떨어지는 모습을 보면 위쪽은 공 사이 거리가 짧고 아래쪽으로 갈수록 거리가 점점 긴 것을 알 수 있습니다. 공이 밑으로 떨어지면서 같은 시간 동안 점점 더 많은 거리를 내려가고 있는 것입니다. 즉 속도가 점점 빨라지고 있습니다.

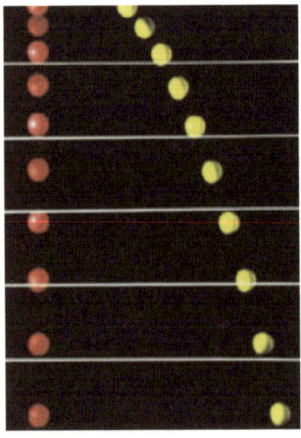

⬆ 떨어지는 공의 에너지 전환

공의 속도는 왜 점점 빨라질까요? 이유는 공이 움직이는 방향으로 중력이 작용하고 있기 때문입니다. 하지만 이를 에너지의 측면에서 바라보면 달리 설명할 수도 있습니다. 앞서 중력에 의한 위치에너지는 높이에 비례한다고 했습니다. 그렇다면 공이 내려올수록 높이가 낮아지니 위치에너지는 점점 줄어드는 셈입니다. 공은 외부에 일을 하지 않으니 지닌 에너지가 일정하게 유지됩니다. 그런 상황에서 위치에너지가 줄어드니 자연히 운동에너지가 늘어납니다.

운동에너지는 질량과 속력의 제곱에 비례한다고 했습니다. 공이 아래로 떨어진다고 질량이 늘어나지는 않을 테니 결국 속력이 늘어날 수밖에 없습니다. 그래서 공은 아래로 내려올수록 빨라지는 것입니다.

이를 반대 상황에도 적용해 볼 수 있습니다. 물 로켓을 하늘로 쏘아 올리는 걸 생각해 봅시다. 로켓이 발사되면 처음에는 아주 빠른 속도로 올라갑니다. 하지만 이내 속도가 줄어들고 마침내 속도는 0이 되어 잠깐 정지하는 듯 보이다가 다시 아래로 떨어집니다.

이 과정도 중력으로 설명할 수 있습니다. 즉 지구의 중력이 로켓을 아래로 잡아당기니까 중력의 반대 방향으로 올라갈 때는 속도가 점점 줄어들다가 마침내 0이 됩니다. 그리곤 다시 내려올 때는(정확히 말하자면 추락할 때는) 중력의 방향과 로켓의 방향이 같으니 속도가 점점 빨라지는 겁니다.

하지만 이 상황을 에너지를 가지고도 이야기할 수 있습니다. 처음 지상에서 쏘아 올릴 때 로켓은 운동에너지만 가지고 있습니다. 높이가 0이니 위치에너지는 없는 것입니다. 하지만 로켓이 올라갈수록 로켓의 높이는 점점 높아집니다. 그에 따라 위치에너지도 점점 커집니다. 하지만 외부에서 로켓에 해 준 일이 없으니 로켓의 전체 에너지는 항상 같아야 합니다. 그래서 위치에너지가 늘어나는 만큼 운동에너지가 줄어들게 되는 겁니다.

앞서와 같이 질량이 줄어들 순 없으니 자연히 속도가 줄어드는 것입니다. 그러다가 위치에너지가 처음의 운동에너지와 같아지는 지점에서 운동에너지는 0이 됩니다. 즉 속도가 0이 되는 것입니다.

이렇듯 외부에서 일을 받거나 혹은 외부에 일하지 않을 때 물체가 가진 역학적 에너지, 즉 운동에너지와 위치에너지의 합은 항상 일정합니다. 이를 역학적 에너지 보존의 법칙이라고 합니다.

에너지를 아끼라고?
보존된다는데?

아주 높은 하늘에 떠 있는 구름에서 떨어지는 비는 왜 맞아도 아프거나 다치지 않는 걸까요?

그것은 공기의 저항력 때문입니다. 저항력은 물체가 움직이는 방향과 반대 방향으로 작용합니다. 비가 처음 내리기 시작할 때는 다른 물체처럼 속도가 점점 빨라집니다. 그런데 떨어지면서 공기 분자들과의 충돌에 의한 저항력이 생깁니다. 속도가 빨라질수록 공기의 저항력도 커집니다. 그래서 중력과 저항력의 크기가 같아지면 그때부터는 비의 낙하 속도가 더는 빨라지지 않게 됩니다.

↑ 우박

　그런데 우박은 비처럼 천천히 내리지 않습니다. 그건 왜 일까요? 이유는 우박의 밀도가 비보다 훨씬 크기 때문입니다. 밀도가 크면 같은 질량이라도 부피가 작습니다. 따라서 공기의 저항을 받는 면적도 작습니다. 공기의 저항은 면적에 비례하는데 면적이 작으니 저항의 크기가 작습니다. 그래서 아래로 향하는 중력의 힘을 상쇄하는 정도가 그만큼 줄어듭니다. 속력이 웬만큼 빨라져도 저항력이 쉽사리 커지지 않습니다. 아주 거센 비를 맞으면 피부가 아프다고 하는 사람들이 있는데 틀린 말은 아닙니다.

　이렇게 역학적 에너지를 가진 물체가 외부에 일을 해주게 되면 그만큼 에너지가 빠져나가니 역학적 에너지는 줄어듭니다. 반대로 외부에서 일을 받으면 에너지가 증가하게 되니 역학적 에너지도 증가하게 됩니다. 그러나 이럴 때도 에너지는 외부로 나가고, 외부에서 들어오는 것이지 새로 생기는 것이 아닙니다.

그래서 우주 전체로 따지면 에너지는 항상 보존됩니다. 새로 생기지도 않고, 사라지지도 않습니다. 다만 형태가 바뀔 뿐입니다. 열에너지에서 운동에너지로, 운동에너지에서 위치에너지로, 다시 위치에너지에서 열에너지로 사라지지 않고 계속 순환을 합니다.

여기서 의문이 생깁니다. 에너지가 사라지지 않는다면 왜 우리는 에너지를 절약해야 하는 걸까요? 이유는 두 가지입니다. 하나는 에너지가 점차 쓸모없는 에너지로 변하기 때문이고, 다른 하나는 에너지를 쓰는 우리의 기계가 효율이 100%가 될 수 없기 때문입니다.

예를 들어보겠습니다. 두 개의 투명한 용기를 준비해봅니다. 두 용기의 아래쪽은 얇은 관으로 연결되어 있고, 관의 가운데는 여닫을 수 있는 장치(콕)가 있습니다. 이

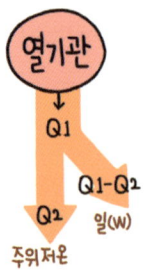

열기관에 투입된 에너지에 대해 실제 수행한 일의 양을 비율로 나타낸 것을 열효율이라고 한다.
주변으로 방출되어 빠져나가는 열(Q2)이 있어서 효율 100%인 영구기관이 존재할 수 없다.

$$e = \frac{W}{Q_1} = \frac{Q_1 - Q_2}{Q_1} = 1 - \frac{Q_2}{Q_1}$$

Q1 = 열기관에서 나오는 열량
Q2 = 주위로 방출되어 손실되는 열량

〈열효율〉

제 두 용기에 물을 붓습니다. 한쪽은 높게, 다른 한쪽은 낮게 합니다. 그리고 관의 가운데 콕을 열면 물이 많이 담긴 쪽에서 적게 담긴 쪽으로 흘러 들어갑니다. 그러다가 양쪽의 높이가 같아지면 물의 흐름이 멈춥니다.

에너지도 그렇습니다. 온도가 높은 물질과 온도가 낮은 물질이 있으면 열에너지는 항상 온도가 높은 곳에서 낮은 곳으로 이동합니다. 반대의 경우는 없습니다. 그러다가 양쪽의 온도가 같아지면 열에너지의 이동이 멈춥니다. 우주 전체를 놓고 봐도 그렇습니다. 우주 전체의 에너지는 끊임없이 온도가 높은 곳에서 낮은 곳으로 이동하고 있습니다. 결국 우주 전체의 온도가 같아질 때까지 열에너지는 움직입니다만, 언젠가 우주 전체의 온도가 같아지면, 그때는 더 이상 에너지의 이동은 없어지게 됩니다. 이동할 수 없는 에너지는 더 이상 쓸모가 없습니다. 에너지가 이동해야 그걸 이용해서 일할 수 있기 때문입니다.

또 에너지를 이용하는 우리들의 도구를 생각해 봅시다. 휴대전화를 들고 열심히 게임을 하다 보면, 휴대전화가 뜨거워지는 것을 경험으로 알 수 있습니다. 여름에 돌아가는 선풍기 뒤쪽의 모터 부분에 손을 대면 거기서도 열이 나는 걸 알 수 있습니다. 그뿐만이 아닙니다. 전기를 쓰는 모든 기계는 사용할수록 열이 납니다. 전기를 쓰지 않는 것도 마찬가지입니다. 자동차도 오토바이도 한참 달리고 나면 엔진이 뜨거워집니다.

그 이유는 전기에너지나 휘발유가 가지고 있는 화학에너지가 우리가 원하는 일을 할 때 모두 일에만 쓰이지 않기 때문입니다. 그 과정에서 일부는 항상 열에너지의 형태로 빠져나갑니다. 그런데 앞서 말한 것처럼 대기 중으로 사라지는 열에너지는 우리가 쓸 수 있는 에너지가 아닙니다. 우리가 기계를 이용하면 할수록 이렇게 열에너지로 빠져나가는 양은 늘어납니다. 그래서 에너지는 변함이 없지만 '쓸 수 있는 에너지'는 점점 줄어들게 되는 것입니다.

그리고 또 하나의 이유는 우리가 쓰는 에너지는 대부분 석유나 석탄, 천연가스와 같은 화석연료를 연소시켜서 얻게 되는데 묻혀 있는 양이 정해져 있어서 언젠가는 모두 바닥나 버릴 것이기 때문입니다. 물론 화석연료를 사용하면 온실가스가 나와 기후 위기를 일으키는 문제도 있습니다.

더 알아보기

에너지 효율

에너지가 전환되는 과정에서 손실되는 에너지의 양이 어느 정도인지를 나타내는 것입니다. 전자제품의 에너지 소비 효율이 1등급에 가까운 제품일수록 에너지 효율이 높으며, 에너지를 절감할 수 있습니다.

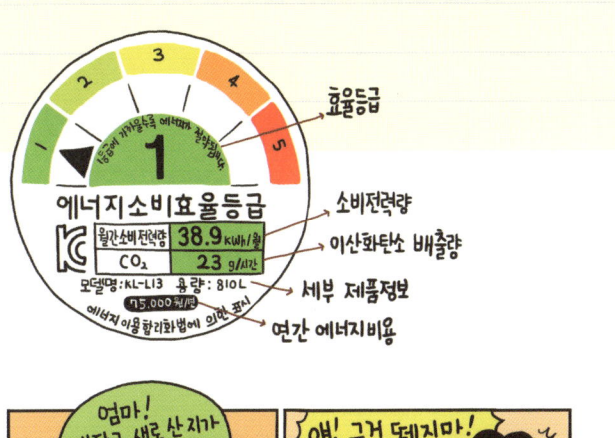

운동의 법칙

운동은 어떻게 일어날까?

물리학에서 물체가 운동한다는 것은 시간이 지남에 따라 위치가 달라지는 것을 말합니다. 비가 하늘에서 떨어지는 것, 파도가 치는 현상, 구름이 흘러가는 것, 폭포에서 물이 떨어지는 것, 바위가 산 위에서 굴러떨어지는 것 등 우리는 자연에서도 다양한 운동 현상을 볼 수 있습니다. 이런 현상에 대해 과연 어떤 원리로 저런 일들이 일어나는지, 비와 파도와 구름, 그리고 밤하늘의 달과 별의 운동 사이에 공통된 원인이 있는지에 대해 과학적으로 고민한 첫 사람들은 아마 고대 그리스의 자연 철학자들일 겁니다.

그중에서도 운동의 원리를 체계적이고 나름 합리적으로 총정리한 사람은 아리스토텔레스일 것입니다. 그는 운동을 '자연스러운 운동'과 '부자연스러운 운동'으로 나누었습니다. 외부의 힘에 의해 강제로 움직이는 운동은 부자연스러운 운동이고, 물질의 자체적인 혹은 내부적인 원인으로 움직이는 것은 자연스러운 운동이라고 보았습니다.

더 알아보기

아리스토텔레스(Aristoteles, B.C.384~B.C.322)
고대 그리스의 철학자이자 과학자입니다. 지금의 인문학과 과학 등 많은 분야에 커다란 업적을 쌓았습니다. 형이상학, 논리학, 정치학, 윤리학, 시학, 수사학, 경제학, 물리학, 생물학, 천문학, 기상학 등이 모두 아리스토텔레스로부터 시작되었다고 해도 과언이 아닐 정도입니다. 또한 알렉산더 대왕의 스승으로도 유명하며, 그가 그리스에 세운 뤼케이온은 플라톤의 아카데미아와 함께 고대 그리스의 가장 중요한 교육기관이기도 했습니다.

예를 들어 별이나 달, 태양이 하늘을 가로질러 원운동을 하는 것이나, 연기나 수증기가 위로 올라가는 것, 비가 떨어지고, 돌이나 금속이 잡은 손을 놓으면 떨어지는 것은 자연스러운 운동이라고 생각했습니다. 그러나 활을 쏘거나, 공을 던지는 등의 운동은 외부의 힘이 작용한 부자연스러운 운동이라고 생각했습니다.

아리스토텔레스는 자연스러운 운동을 지상의 운동과 천상계의 운동으로 나눴습니다. 천상계는 에테르라는 제5원소에 의해 이루어졌는데 여기서는 완전한 운동인 원운동만이 존재한다고 생각했습니다. 그러나 지상계의 물질은 불완전한 물, 불, 흙, 공기의 4원소로 이루어져 있다고 생각했습니다.

그중에서 불과 공기는 가벼운 속성을 가지고 있어 가만히 놔두면 위로 올라가려는 성질이 있고, 물과 흙은 무거운 속성을 가지고 있어 아래로 내려가려는 성질이 있다고 여겼던 것입니다. 그래서 물과 흙이 많은 물질은 자연스레 아래로 내려가려 하고, 공기와 불의 속성이 많은 물질은 위로 올라가려는 성질을 가지고 있다고 생각했습니다.

이러한 아리스토텔레스의 생각은 갈릴레이가 운동에 대해 새로운 주장을 하는 17세기가 되기 전까지 근 2,000년 동안 서양 사람들에게 당연한 진리로 받아들여졌습니다. 갈릴레이는 수학자이며 물리학자였고, 동시에 천문학자이기도 했습니다. 그는 직접 망원경을 만들어 천체를 관측하기도 했습니다. 갈릴레이는 과학적 연구 방법을 확립한 사람으로 근대 관측천문학의 아버지, 근대 물리학의 아버지, 근대 과학의 아버지 등 과학 분야에서 3관왕을 기록한 사람입니다.

① 마찰이 없는 빗면의 A에서 놓은 공은 빗면의 경사와 상관없이 같은 높이 D까지 올라간다.
② 수평면 C에서는 처음의 높이까지 공이 올라갈 수 없으므로, 공은 계속 굴러갈 것이다.

〈갈릴레이의 생각에 의한 실험〉

그는 관성의 법칙을 새로 발견하고, 질량이 서로 다른 물체들이 동시에 떨어진다는 사실도 발견하는 등 운동과 관련된 물리학의 중요한 법칙들을 정립했습니다.

갈릴레이와 이후 데카르트 및 하위헌스를 통해 발전한 운동에 관한 연구는 뉴턴에 이르러 새로운 이론으로 정립되었습니다. 바로 이 뉴턴의 법칙들이 우리가 살펴볼 운동의 법칙입니다.

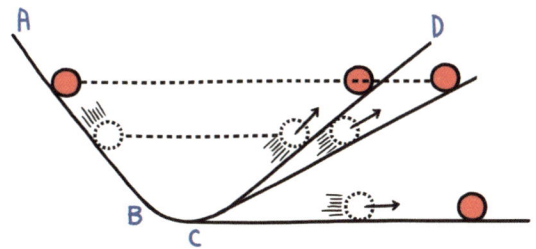

더 알아보기

르네 데카르트(René Descartes, 1596~1650)
관성의 법칙을 처음 발견한 사람은 사실 갈릴레이입니다. 그러나 갈릴레이는 관성이 원운동이라고 생각했습니다. 이를 직선운동이라고 처음 밝힌 사람은 프랑스의 철학자이자 수학자며 과학자인 데카르트입니다. '근대 철학의 창시자'라고 불리는 데카르트는 '나는 생각한다. 그러므로 나는 존재한다.'라는 명언을 남겼습니다.

100m를 달리랬더니
110m를 달려버렸어

은수가 체육 시간에 100m 달리기를 합니다. 옆의 친구보다 빨리 통과하려고 있는 힘껏 달려 끝 지점에 도착했습니다. 하지만 바로 멈춰지진 않습니다. 달리던 여력이 있어서 몇 걸음을 더 뛰어서야 겨우 멈출 수 있습니다. 100m를 달리라고 했더니 110m쯤 달린 것입니다.

우리가 자전거를 탈 때도 마찬가지입니다. 자전거를 신나게 타다 골목에서 급하게 나오는 차를 보곤 브레이크를 잡지만 자전거는 바로 멈추지 못합니다. 무리하게 멈추려고 브레이크를 너무 꽉 잡으면 오히려 달려오던 힘으로 쓰러지고 맙니다. 이렇게 달리거나 걷다가 멈추려면 시간이 필요한데 그 이유는 움직이던 물체는 계속 움직이려 하는 성질을 가지고 있기 때문입니다.

반대의 경우도 한번 생각해 봅시다. 오랜만에 방 정리를 해 보려고 책상을 다른 위치로 옮기려고 합니다. 그런데 옆으로 아무리 끌어도 잘 움직이질 않습니다. 책상 위의 모니터랑 책들을 다 빼내고 나서야 책상은 슬며시 움직이기 시작합니다. 교실에 들어갔더니 친구가 장난친다고 내 자리에 앉아서 버티고 있습니다. 의자를 빼내려고 힘을 주는데 여간 어려운 것이 아닙니다. 이렇게 가만히 있는 물체는 무게가 많이 나갈수록 움직이기가 힘듭니다. 가만히 있는 물체는 계속 정지하려는 성질을 가지고 있기 때문입니다.

   이 두 가지를 모두 관성이라고 합니다. 정확히 정의하자면 '물체가 현재의 방향과 속도를 계속 유지하려는 성질'을 관성이라고 합니다. 이 **관성의 법칙**이 뉴턴이 발견한 운동의 3법칙 중 첫 번째 법칙입니다. 관성은 물체의 무게가 무거울수록 크고, 고체보다는 액체의 관성이 더 큽니다. 이때 움직이는 물체가 계속 움직이려는 성질은 '운동 관성'이라고 하고, 멈춰 있는 물체가 계속 정지하려는 성질은 '정지 관성'이라고 합니다.

   버스에서 손잡이를 잡고 서 있을 때 버스가 갑자기 출발하면 우리 몸은 뒤로 쏠리게 됩니다. 버스는 앞으로 가지만 우리 몸은 세자리에 있으려는 '정시 관성' 때문에 일어나는 일입니다. 반대로 일정한 속도로 달리던 버스가 갑자기 급정거하면 우리 몸은 앞으로 쏠립니다. 버스는 멈췄지만 우리 몸은 원래의 속도로 계속 앞으로 나가려는 '운동 관성'을 가지고 있으므로 나타나는 현상입니다.

<관성이 작용하는 예>

그런데 이 관성의 법칙은 우리의 상식으로 잘 이해가 되지 않습니다. '외부의 힘이 작용하지 않는다면 움직이던 물체는 점점 속도가 늦어지다가 멈춰야 하는 것 아니야?'라고 생각하는 것이 어찌 보면 당연한 일입니다.

하지만 이런 예를 들어봅시다. 우리가 자전거를 타고 나가려 할 때 만약 밖에 비가 온다면 어떨까요? 비를 맞기 싫어서 비 올 때 자전거를 잘 타지 않기도 하지만, 그보다는 비가 오면 바닥이 미끄러워 위험하므로 어머니가 말릴 것입니다. 그러면 미끄러우면 왜 위험할까요? '미끄러지니까요.' 너무 뻔한 질문인가요? 하지만 여기에 관성에 대한 오해의 진실이 있습니다.

미끄럽다는 것은 바닥과 타이어의 마찰이 적다는 것입니다. 그런데 이 마찰은 힘입니다. 어떤 힘이냐면 우리가 계속 운동하는 것을 방해하는 힘입니다. 우리가 아무 힘이 없을 때 속도가 점점 느려지다가 멈춘다고 생각하는 것은 바로 이 숨어 있는 '마찰력'을 보지 못했기 때문에 드는 생각입니다. 마찰력도 엄연히 외부의 힘입니다. 미끄럽다는 것은 마찰력이 적다는 것이고, 이는 물체의 운동을 방해하는 외부의 힘이 적다는 뜻입니다.

그래서 자전거는 원래 가고 있던 방향으로(우리의 의도와는 무관하게) 조금 더 갈 수 있는 것입니다. 이 마찰력이 계속 작아지면 자전거는 계속 더 갈 것이고, 마침내 마찰력이 완전히 사라지면 자전거는 영원히 계속 같은 속도로 가게 될 것입니다.

지구상에서는 실제로 마찰이 전혀 없는 환경을 만들기 힘들어서 유사하게 얼음판 위에서 매끄럽고 가벼운 물체를 밀어보는 것으로 대신하지만, 우주에서는 사정이 다릅니다. 마찰은 서로 다른 물체들끼리 접촉해야 작용하는 힘인데 우주는 거의 진공 상태라서 마찰을 일으킬 외부 물질이 없습니다. 따라서 우주에선 아주 살짝 밀어서 움직이면 아무리 거대한 물체도 밀 때의 속도와 방향으로 계속 움직이게 됩니다.

운동에 힘이 필요해?

하굣길에 은지는 폐지를 손수레에 담고 힘겹게 끌고 가는 할머니를 보고 손수레를 뒤에서 밀어드렸습니다. 참 좋은 일을 했지요?

이 상황을 물리학적으로 보면 세 가지 힘이 작용하고 있습니다. 하나는 먼저 할머니가 앞에서 끄는 힘이고, 두 번째는 바닥과 타이어 사이의 마찰력입니다. 폐지를 많이 실어서 무게가 많이 나가면 이 마찰력이 커집니다. 마찰력이 할머니의 끄는 힘과 반대로 작용해서 힘이 드는 겁니다. 여기에 은지가 할머니와 같은 방향으로 힘을 주면, 앞으로 가려는 힘이 더 커집니다.

속도와 방향이 어떻게 변하는지는 힘의 방향에 따라 영향을 많이 받습니다. 물체가 움직이는 방향과 같은 방향으로 힘을 주면 물체의 방향은 바뀌지 않고 속도가 더 빨라질 뿐입니다. 물체가 움직이는 반대 방향으로 힘을 줄 때도 방향은 바뀌지 않고 다만 속도가 느려지기만 합니다. 그러나 그

외의 방향으로 힘을 주면 물체의 방향이 바뀝니다.

이때 물체의 방향과 어느 정도의 각도로 힘을 주느냐에 따라 방향이 바뀌는 정도와 속도가 변하는 정도가 달라집니다. 물체의 운동 방향과 비슷하게 힘을 주면 속도

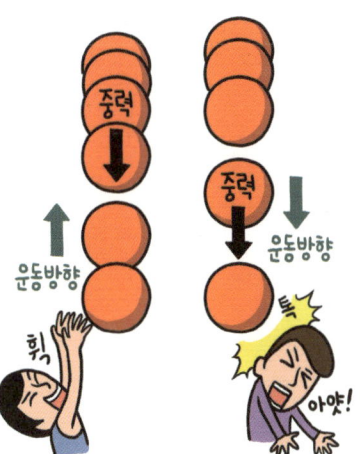

〈속력이 변하는 운동〉

가 많이 변하고 방향은 조금 변합니다. 반대로 물체의 운동 방향과 크게 어긋나게 힘을 주면 속도는 조금 변하고 방향이 많이 변합니다.

만약 물체가 움직이는 방향에 직각으로 힘을 주면 어떻게 될까요? 이 경우엔 속도는 바뀌지 않고 방향만 바뀝니다. 대표적인 예가 원운동입니다. 그리고 원운동을 이용한 민속놀이가 바로 쥐불놀이입니다.

쥐불놀이를 하기 위해서는 먼저 깡통에 구멍을 뚫고 긴 철사를 연결합니다. 깡통 안에 짚단처럼 불이 잘 붙는 것들을 넣고 불을 붙입니다. 그리고 나서 철사의 끝을 잡고 빙빙 돌립니다.

↑ 쥐불놀이 깡통

밤에 이렇게 깡통을 돌리면 불이 빙글빙글 도는 모습이 참 멋집니다. 사실 쥐불놀이는 정월 대보름에 밭의 짚들을 태워 병충해를 예방하려는 의도로 시작된 민속놀이입니다.

그러나 근래에는 화재 등의 위험이 있어서 대부분은 법으로 금지하고 있어서 잘 볼 수 없게 되었습니다. 특별히 허락된 장소가 아니면 하면 안 되는 놀이입니다.

쥐불놀이를 할 때 깡통을 빙빙 돌리다 보면 철사를 통해 깡통이 우리를 잡아당기는 것 같은 힘을 느끼게 됩니다. 이런 힘을 **원심력**이라고 합니다만 사실은 허구의 힘입니다. 그러므로 깡통의 줄이 끊어진다고 해도 깡통이 바깥쪽으로 날아가지는 않습니다. 줄이 끊어지는 순간 깡통이 향하던 방향으로 날아갈 뿐입니다.

↓ 쥐불놀이

사실 우리가 깡통을 잡아당기는 **구심력**을 행사하는 것인데 깡통이 우리를 당긴다고 여길 뿐입니다. 구심력은 깡통이 원래 운동하는 방향과 항상 직각을 이룹니다. 그래서 깡통은 속도는 빨라지지 않고 계속 방향만 바꾸는 원운동을 하는 것입니다.

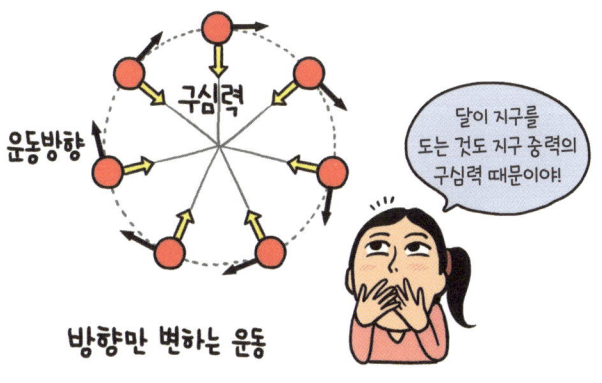

달이 지구를 도는 것도 같은 원리입니다. 지구의 중력이 구심력으로 작용하여 달이 직선으로 달아나려는 것을 잡아끌어 원운동을 시키는 것입니다. 그럼 이렇게 원운동을 하는 물체들의 원래 운동 방향은 어디일까요? 항상 원의 **접선** 방향이랍니다.

☑ **원심력** 원운동을 하는 물체가 중심의 밖으로 나가려고 하는 힘입니다.
☑ **구심력** 원운동을 하는 물체에서 원의 중심방향으로 작용하는 힘입니다.
☑ **접선** 주어진 곡선과 접하는 직선을 말합니다.

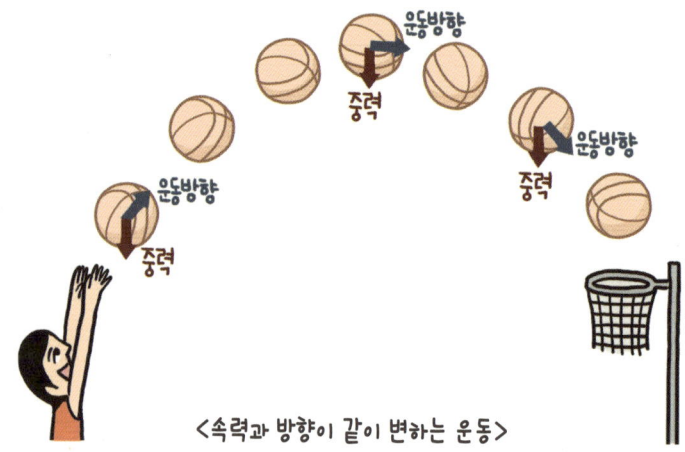

<속력과 방향이 같이 변하는 운동>

    그리고 속도와 방향이 바뀌는 정도는 힘의 크기와도 관련이 있습니다. 힘을 많이 주면 많이 변하고 적게 주면 적게 변합니다. 너무 당연한 이야기지요? 그래도 힘을 다룰 때 그 크기는 상당히 중요합니다. 그래서 힘의 크기와 방향은 **힘의 3요소**에 속합니다.

☑ **힘의 3요소** 물리적인 힘을 설명하는 세 가지 요소입니다. 힘의 크기, 힘의 방향, 힘의 작용점을 말합니다.

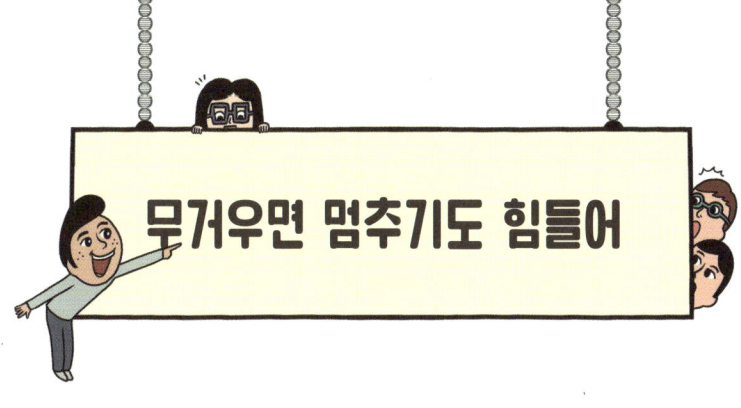

무거우면 멈추기도 힘들어

우철이도 은지를 보고 자기도 착한 일을 하겠다며 폐지를 실은 손수레를 밀었습니다. 그런데 그만 내리막길이었습니다. 손수레가 너무 빨리 내려가서 사고가 날 것 같아 이번엔 반대로 손수레를 잡아당겨야 했습니다. 우철이는 안간힘을 써서 겨우 손수레를 멈췄습니다. 우철이보다 힘이 약한 은지가 손수레를 밀고 있었다면 멈출 수 없었을 겁니다.

다음 날 우철이는 어제 도와드렸던 할머니를 만나 이번에도 손수레를 밀어드립니다. 그런데 오늘은 폐지가 어제보다 많이 적습니다. '많이 모으셨으면 좋을 텐데.'라고 생각했지만 손수레 밀기는 어제보다 쉬웠습니다. 무게가 적게 나가니 당연한 일입니다. 이 당연한 일이 바로 뉴턴의 운동 3가지 법칙 중 두 번째 법칙입니다.

작용하는 힘이 커지면 물체의 질량이 같을 때 속도 변화도 커집니다. 물체의 속도 변화는 작용하는 힘의 크기에 비례합니다. 또 물체의 질량이 크면 같은 힘이 작용할 때 속도

변화가 적습니다. 이를 **힘과 가속도의 법칙**이라고 합니다. 이를 식으로 나타내면 다음과 같습니다.

$$가속도(a) = \frac{힘(F)}{질량(m)}$$

그런데 대체 가속도가 뭘까요? 우철이와 은지는 토요일에 한강 변 자전거도로에서 자전거를 타기로 했습니다. 둘 다 휴대전화에 자전거 앱을 깔아 얼마나 달렸는지를 알아보기로 했습니다. 30분마다 체크를 해봤더니 첫 30분 동안은 5km를 달렸습니다. 한 시간으로 치면 10km를 달린 게 됩니다. 이를 속도라고 합니다. 한 시간을 단위로 해서 잰 평균 속도, 즉 시속 10km가 됩니다. 시속은 10km/h로 표시합니다. 그다음 30분은 6km를 달렸습니다. 역시 한 시간으로 치면 12km를 달린 겁니다. 즉 12km/h가 됩니다.

그러면 첫 30분보다 그다음 30분은 더 빨라진 걸 알 수 있습니다. 30분 만에 2km/h만큼 빨라진 것입니다. 만약 한 시간으로 치면 4km/h만큼 빨라진 겁니다. 바로 이걸 가속도라고 합니다. 특정한 시간 동안 속도가 얼마나 빨라졌는지 아니면 얼마나 느려졌는지를 알려주는 것입니다. 다시 말해서, 가속도는 단위 시간당 속도의 변화량이라고 할 수 있습니다.

이 가속도는 힘과 그리고 물질의 질량에 의해 결정됩니다. 우철이가 할머니의 손수레를 밀어주는 장면으로 되돌아가 봅시다. 우철이가 걱정한 것은 내리막길에서 할머니의 손수레가 느린 속력으로 가다 속력이 갑자기 빨라졌기 때문입니다. 이는 지구의 중력이 물체를 아래로 잡아당기는 힘이 작용했기 때문입니다. 내리막을 내려갈 때 이 힘이 커져서 손수레의 가속도를 높인 것입니다. 그래서 우철이가 반대로 힘을 주어, 합력을 줄인 것입니다. 그런데 물체의 질량이 크면 가속도가 잘 변하지 않습니다. 그래서 이미 빨라진 수레의 속력을 줄이기가 쉽지 않았던 것입니다.

> **더 알아보기**
>
> **수직항력**
> 정확히 말하자면 내리막에서 중력이 커지는 것이 아닙니다. 중력은 그대로지만 중력의 방향과 물체의 방향 사이의 각이 작아져서 물체에 실제로 작용하는 힘이 커지는 것입니다. 그래서 경사가 급할수록 중력이 커지는 것처럼 느껴집니다. 이처럼 물체가 접촉하고 있는 면이 물체를 수직 윗방향으로 떠받치는 힘을 수직항력이라고 합니다.

물체의 질량이 크면 속도를 너 빠르게 하기도 쉽지 않지만 더 느리게 하기도 쉽지 않습니다. 둘 다 가속도를 크게 하는 일인데, 가속도는 질량에 반비례하기 때문입니다.

돌부리를 찼는데
내가 아픈 이유

　은지와 우철은 한강 변에서 재미있게 자전거를 같이 타다가 잠시 쉬고 있었습니다. 그런데 우철이 마실 것을 사서 돌아오다가 돌부리에 걸려 휘청했습니다. 은지가 아프지 않냐고 걱정스레 물으니 "나는 괜찮은데 돌이 아팠을 거야."라며 허세를 부렸습니다. 여기서 우철의 말이 완전히 거짓은 아닙니다. 돌도 아팠을 겁니다. 물론 우철이도 돌만큼 아팠겠지만요.

　축구를 할 때 공을 아주 세게 차면, 찬 건 나인데 내 발이 아플 때도 있습니다. 텔레비전에서 실연당한 사람이 슬퍼하며 벽을 치는 장면이 나오면 나도 모르게 '아이고 아플 텐데.'라고 몸서리치는 때도 있습니다.

　이 모든 사례가 뉴턴이 정리한 운동의 3가지 법칙 중 마지막 법칙인 **작용과 반작용의 법칙**을 말해줍니다.

　이 법칙은 간단하게 말해서 한 물체가 다른 물체에 힘을 주면, 힘을 받은 물체는 힘을 준 물체에 받은 만큼의 힘을 반대 방향으로 되돌려 준다는 것입니다. 즉 우철이가 돌멩이에 10N의 힘을 주면, 돌멩이도 우철이에게 10N의 힘을 되돌려 준다는 겁니다.

우리가 걸을 수 있는 것도 바로 이러한 작용-반작용의 법칙이 있기 때문입니다. 걸을 때 우리는 발바닥으로 땅을 뒤로 밉니다. 그러면 땅이 그 반작용으로 발바닥을 앞으로 밉니다. 그 힘으로 걷게 되는 겁니다.

<작용과 반작용의 예>

로켓도 마찬가지입니다. 로켓의 내부에서 연료가 폭발하면서 기체가 급격히 팽창합니다. 로켓은 이 팽창한 공기

를 뒤로 밀어냅니다. 그러면 공기는 반작용으로 로켓을 앞으로 미는 겁니다. 다른 예를 들어보겠습니다. 우철이와 은지가 한강에서 보트를 탈 때, 우철이는 노로 물을 뒤로 밀 것입니다. 한강 물은 그 반작용으로 노를 앞으로 밀게 됩니다. 그 힘으로 보트는 앞으로 갑니다. 이 모든 일이 작용-반작용의 결과인 것입니다. 뉴턴은 이렇게 운동과 관련된 법칙을 세 가지로 정리했습니다.

더 알아보기

아이작 뉴턴(Sir Isaac Newton, 1642~1727)
영국의 유명한 과학자이자 수학자입니다. 과학의 역사에서 가장 중요한 사람을 다섯을 꼽으라고 하면 그중에 꼭 들어가는 사람입니다. 뉴턴은 사과가 떨어지는 것을 보고 만유인력을 발견한 것으로 유명하지만, 이 일화가 사실인지는 분명하지 않습니다. 그러나 뉴턴의 업적은 엄청납니다. 일단 만유인력의 법칙을 발견하고 수학적으로 증명했을 뿐만 아니라 이 글에서 소개하는 운동에 관한 기본적인 법칙들을 모두 정리하여 하나의 역학 체계를 만들어 냈습니다. 이로써 뉴턴은 고전 역학을 완성한 사람으로 인정받게 되었습니다.

또한 뉴턴은 이 과정에서 스스로 미적분이라는 수학을 만들어 냅니다. 그뿐 아니라 광학에서도 프리즘을 통해 흰색 빛이 여러 빛의 합성이라는 사실을 밝혀내기도 합니다.

⟨뉴턴의 운동 법칙⟩

아이작 뉴턴

제1 법칙 관성의 법칙

모든 물체는 외부의 힘이 작용하지 않을 때 자신의 운동 상태를 일정하게 유지한다.

제2 법칙 힘과 가속도의 법칙

물체의 가속도는 작용하는 힘에 비례하고, 질량에 반비례한다.

제3 법칙 작용과 반작용의 법칙

모든 작용에 대해 크기는 같고 방향은 반대인 반작용이 존재한다.

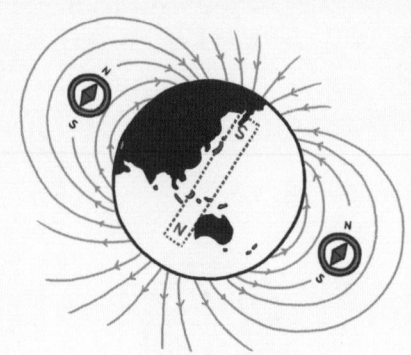

4장
전기가 찌릿찌릿

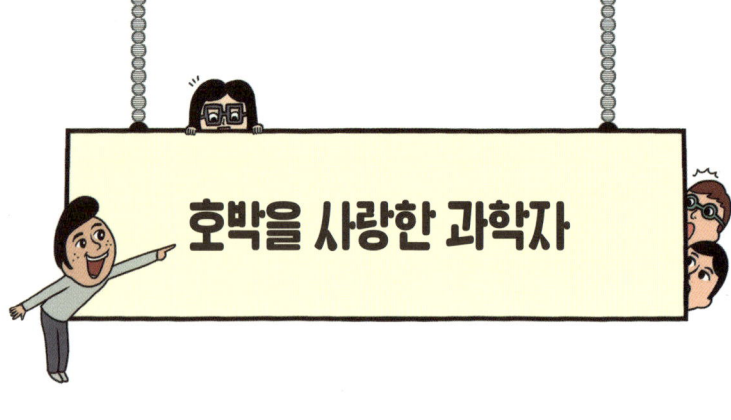

호박을 사랑한 과학자

19세기에서 20세기 초 사이에 과학자들은 원자가 사실은 원자핵과 전자로 이루어져 있다는 것을 알아냅니다. 더구나 원자핵에는 중성자와 양성자가 모여 있습니다. 결국 원자는 전자와 중성자 그리고 양성자라는 세 종류의 입자로 이루어졌습니다.

이 중 전자는 아주 가벼운 입자로 중성자나 양성자의 1/1000 정도밖에 되지 않습니다. 즉 원자의 질량 대부분은 원자핵에 모여 있는 것입니다. 하지만 전자와 양성자에겐 중요한 특징이 또 하나 있는데 바로 전기를 띠고 있습니다. 우리가 일상생활에서 접하는 전기 현상은 모두 이 둘에 의해서 나타나는 것입니다.

전자는 음전기(마이너스 전기)를 가지고 있고, 양성자는 양전기(플러스 전기)를 가지고 있는데 둘이 가지고 있는 전기의 크기는 서로 같습니다. 그리고 원자에 존재하는 전자와 양성자의 개수도 서로 같습니다. 따라서 원자 전체로 보면 전기를 띠고 있지 않은 것처럼 보입니다. 그런데 간혹 전자가 한두 개 빠져나가거나 추가로 더 들어오게 되면 플러스 전기를 띠거나 마이너스 전기를 띠게 됩니다.

우리가 건조한 겨울에 경험하는 정전기가 바로 이런 현상에 의해서 생깁니다. 겨울에 금속으로 된 손잡이를 잡으려다 찌릿한 느낌이 들어서 황급히 손을 뗄 때가 있습니다. 그리고 몸을 따뜻하게 하려고 내복을 입었다가 벗을 때도 따닥따닥 소리가 나면서 따끔거리는 정전기 현상이 흔히 일어납니다. 옷을 입고 있을 때 우리는 느끼지 못하지만 옷과 우리 피부, 그리고 속옷과 겉옷은 항상 서로 마찰을 하게 되는데 이런 마찰 과정에서 서로 전자를 주고받게 됩니다.

원자들은 그 종류에 따라서 전자를 잘 잃어버리는 경우도 있고, 다른 원자의 전자를 받아오기를 즐겨 하는 경우도 있는데 이런 성질의 차이 때문에 일어나는 일입니다.

그래서 플러스 전기를 띠는 이온과 마이너스 전기를 띠는 이온들이 생겨납니다. 그러다 우리가 옷을 벗을 때가 되면 양이온과 음이온이 서로 끌어당기는 현상에 의해서 순간적으로 전류가 흐르게 되는데 이때 우리가 따끔따끔한 느낌이 들게 되는 것입니다.

이런 마찰전기는 아주 옛날부터 사람들이 잘 알고 있었

습니다. 기록상으로 보면 고대 그리스의 철학자 탈레스가 **호박**☑의 표면에 먼지가 붙어서 그걸 떼어내려고 닦으니 닦을수록 자꾸 먼지가 붙는 현상을 보고 마찰전기를 발견했다고 합니다. 지금부터 약 2,600년 정도 먼 옛날의 일입니다.

그 뒤로도 많은 사람이 마찰전기에 관해 연구했습니다. 그 과정에서 이것이 마찰이 일어나는 동안 전자를 주고받아서 생긴 현상임을 알게 되었습니다. 이렇게 전자를 잃거나 얻어서 +전기나 -전기를 띠게 되면 전기력이 생깁니다. 즉 서로 끌어당기거나 밀어내는 힘을 가지게 되는 겁니다. 마치 자석이랑 비슷합니다. 이때 서로 같은 부호끼리는 서로 미는 힘인 척력이 생기고, 서로 다른 부호끼리는 끌어당기는 힘인

☑ **호박** 채소 호박이 아니라, 식물의 진액이 굳어서 만들어진 보석입니다.

인력이 생깁니다. 그래서 같은 +전기를 띠는 두 물체는 서로를 밀게 됩니다.

반대로 +전기를 띠는 물체와 -전기를 띠는 물체는 서로 끌어당깁니다. 그래서 머리카락과 책받침을 서로 문질러 준 뒤 책받침을 머리 위에 가까이 가져가면 머리카락이 위로 올라서는 겁니다. 이런 마찰전기를 응용한 제품 중 대표적인 것이 우리가 자주 사용하는 랩(wrap)입니다. 감겨 있던 랩을 떼는 순간 마찰로 정전기가 발생하여 랩이 그릇에 달라붙습니다. 복사기도 정전기를 이용해 토너 잉크가루가 종이에 붙는 것입니다.

전기를 유도해

이렇게 마찰을 통해 전기를 띠게 된 물체를 가지고 다른 금속막대에 가까이 가져가면 금속막대의 양쪽 끝이 서로 다른 전기를 띠게 되는 현상이 생기는데 이를 정전기 유도라고 합니다.

집에서도 실험을 해 볼 수 있습니다. 유리컵 위에 쇠젓가락을 눕혀 놓습니다. 그리고 모직 천으로 열심히 문질러서 정전기가 생긴 플라스틱 막대를 한쪽 끝에 가까이 가져갑니다. 서로 닿지는 않게 해야 합니다. 그리고 반대쪽 끝에 아주 가벼운 쇠로 된 클립을 가까이 가져가면 둘 사이에 서로 끌어당기는 힘을 느낄 수 있습니다. 어떤 일이 일어난 걸까요?

우리가 모직 천으로 열심히 문지른 플라스틱 막대는 -전기를 띱니다. 이걸

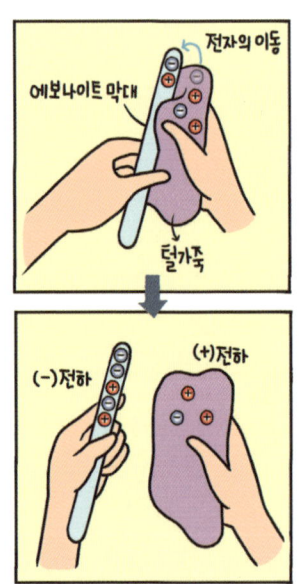

〈에보나이트 막대와 전자의 이동〉

금속에 가까이 가져갑니다. 금속 안에는 자유전자들이 있습니다. 이 전자들은 플라스틱과 같은 -전기를 띠고 있으니 서로 밀어내는 척력이 작용합니다. 그 힘으로 플라스틱에서 먼 쪽으로 이동하게 됩니다. 그러면 플라스틱과 가까운 쪽은 전자들이 부족해서 +전기를 띠게 되고, 반대쪽은 전자들이 몰려들어 -전기를 띠게 되는 것입니다.

반대로 +전기를 띤 물체를 금속에 가까이 가져가면, 이번엔 전자가 물체 쪽으로 이동합니다. +를 띤 물체와 전자 사이에 서로 잡아당기는 인력이 생기기 때문입니다. 이 경우엔 물체 쪽은 -전기를 띠고 반대쪽은 +전기를 띠게 됩니다.

그런데 금속의 원자핵에 있는 양성자도 전기를 띠고 있는데 왜 양성자는 가만히 있는 걸까요? 사실 양성자도 힘을 받기는 하지만 이들은 금속 결정으로 묶여 있기 때문에 움직일 수가 없답니다.

이런 정전기 유도 현상을 보다 정확히 알아보기 위해 중학교에서는 **검전기**를 이용한 실험을 합니다. 검전기는 유리병과 금속체로 이루어집니다. 그림에서 보듯이 위쪽엔 금

검전기 정전기를 유도하여 물체가 전기를 띠는지 알아내는 데 이용하는 도구입니다.

속판이 있고 아래쪽엔 금속박이 있는 금속막대를 유리병에 꽂아서 만듭니다. 검전기의 금속판에 -를 띠게 된 물체를 가까이 가져가면 전자가 금속막대를 통해 아래쪽 금속박으로 이동합니다. 양쪽으로 갈라진 금속박은 둘 다 전자가 들어오니 -를 띠게 됩니다. 같은 -전기를 띠게 된 두 금속박은 서로 밀어내는 힘을 가지게 되고, 따라서 양쪽으로 벌어집니다.

〈검전기 실험〉

이 상태에서 금속판에 손가락을 살짝 갖다 대면 벌어졌던 금속박이 다시 오므라드는 것을 볼 수 있습니다. 금속박에 있던 여분의 전자가 손가락을 통해 빠져나가면서 다시 전기적으로 중성이 되었기 때문입니다.

전기는 흘러야 제맛

　이렇게 전기에 관해 연구하던 중 한 곳에서 가만히 있는 전기-정전기-가 아닌 흐르는 전기를 발견하고 이를 이용하게 된 것은 19세기 말입니다. 이때부터 본격적으로 발전기, 모터, 저항, 전류, 전압과 같은 골치 아픈 녀석들이 나타납니다.

　일단 전류에 대해 알아봅시다. 전기의 흐름이란 뜻의 한자인데 실제로 전선에 전류라는 것이 흐를까요? 그렇진 않습니다. 전선에서 전기를 전달하는 것은 사실 전자입니다. 전선은 금속, 그중에서도 주로 구리로 만드는데, 금속인 구리에는 자유전자가 많이 있습니다. 이 자유전자들이 일정한 방향으로 힘을 받아 움직이는 것이 바로 전류입니다. 그런데 처음 전류를 발견한 사람들이 전자의 움직임과는 반대로 전류는 +극에서 -극 쪽으로 움직인다고 선언해버렸습니다. 사실 어느 쪽으로 흐른다고 해도 그게 문제가 되지는 않는 상황이었는데 말입니다. 그래서 지금도 전류는 +극에서 -극으로 흐른다고 말합니다. 그러나 실제 전기에너지를 전달하는 전자의 흐름은 -극에서 +극으로 이어집니다.

전류의 양은 **암페어(A)**라는 단위로 나타냅니다. 1A는 1초 동안 6.25×10^{18}개의 전하가 이동하는 현상입니다. 어마어마한 양의 전자가 움직이지요? 그런데 전류가 흐르는 양은 어떻게 정해지게 될까요? 전류는 전압과 저항이라는 두 가지 요소에 의해 결정됩니다.

☑ **암페어** 전기와 자기의 관계에 관해 연구한 프랑스의 물리학자 앙드레 마리 앙페르의 이름을 딴 것입니다.

저항해볼까?

전기는 우리 생활 곳곳에서 쓰입니다. 전등에 흘러 들어가면 빛을 만들고, 다리미에 들어가면 열을 냅니다. 휴대전화에선 프로그램(앱)을 작동시키고, 모니터에선 화면을 보여줍니다. 이 모든 것은 사실 전기에너지를 가지고 하는 일입니다. 따라서 이런 기구를 통과하게 되면 전자는 자기가 가진 에너지를 잃게 됩니다.

이렇게 전자가 가진 전기에너지를 빼앗아서 다른 일을 하는 전기기구들은 모두 **저항**☑이라고 합니다. 이런 저항은 전기에너지를 뺏어감으로써 전류의 흐름을 방해합니다. 따라서 저항이 크면 전류가 적게 흐르고 저항이 작으면 전류가 많이 흐르게 됩니다. 이렇듯 저항과 전류는 서로 반비례의 관계에 놓여 있습니다.

☑ **저항** 전기회로에서 전류의 세기를 일정하게 유지하기 위해 연결하는 작은 부품의 이름도 저항입니다. 헷갈리지 않도록 주의해야 합니다.

그러면 저항이 아주 크면 어떤 일이 일어날까요? 저항이 커지면 전류가 줄어든다고 했습니다. 따라서 저항이 아주 커지면 전류가 거의 흐르지 않게 됩니다. 이러한 물질을 우리는 부도체라고 합니다. 대부분의 플라스틱, 순수한 물, 종이, 솜, 고무, 유리 등이 부도체입니다. 그러나 앞서 전류의 양을 정하는 요소가 저항과 전압이라고 했지요? 전압이 아주 커지면 부도체에도 전류가 흐를 수가 있습니다. 공기도 사실은 부도체인데 가끔 번개가 치는 것은 하늘의 구름과 땅 사이에 아주 강력한 전압이 형성되기 때문입니다.

반대로 저항이 아주 적으면 전류가 굉장히 많이 흐르게 됩니다. 하지만 전류가 무한히 커질 순 없습니다. 왜냐하면 전류를 이동시키는 통로인 전선 자체가 작지만 어느 정도의 저항을 가지고 있기 때문입니다. 물론 아주 낮은 온도에서는 저항이 완전히 사라지는 초전도 현상이 나타나긴 합니다. 그러나 이런 특수한 경우를 제외하곤 저항이 전혀 없는 물질은 없습니다.

실제로 생활에 쓰이는 저항은 대부분 금속입니다. 부도체로 저항을 만들면 아예 전류가 흐르지 않으니 전류의 양을 제어할 수 없습니다. 그래서 대부분의 저항은 금속으로 만듭니다. 금속은 자유전자가 있어 전류가 흐르지만 어떤 종류를 쓰느냐에 따라 흐름을 방해하는 정도를 정할 수 있기 때문입니다. 대표적인 것이 니크롬선입니다. 다리미나 헤어드라이어의 열선으로 쓰이는 니크롬선은 전자가 운반하는 전기에너지를 받아 열을 만드는 물질입니다. 당연히 그만큼 전기에너지를 뺏는 셈이니 저항의 역할을 합니다.

그런데 같은 종류의 저항이라도 단면적과 길이에 따라 저항의 크기가 달라집니다. 간단한 놀이를 통해 이해해 볼 수 있습니다. 100m 달리기를 합니다. 그런데 중간에 허들을 놓습니다. 처음에는 세 줄로 놓고 한 번에 세 명씩 출발합니다. 달리는 속도는 모두 같다고 합시다. 처음 해 보니 세 명이 모두 20초 만에 통과했습니다.

이제 경주로를 네 줄로 늘립니다. 그러면 20초에 통과하는 친구가 셋에서 넷으로 늘어납니다. 두 줄로 줄이면 둘로 줄어듭니다. 이렇게 넓어지면 더 많은 친구가, 줄이면 더 적은 친구들이 통과합니다.

달리는 구간을 50m로 줄이면 결승점까지 도달하는 시간이 줄어듭니다. 반대로 200m로 늘리면 시간이 늘어납니다. 이 경우에는 동일한 시간에 통과하는 친구의 수는 달리는 거리에 반비례하게 됩니다.

단면적이 넓어지면 저항의 크기가 줄고, 단면적이 좁아지면 저항이 커집니다. 또 길이가 길면 저항의 크기가 그만큼 커지고, 짧아지면 저항의 크기가 줄어듭니다. 이를 정리하면 '저항은 길이에 비례하고 단면적에 반비례한다.'가 됩니다. 다음과 같이 식으로 표현할 수 있습니다.

$$R = \rho \frac{l}{s}$$

(R : 도선의 저항 ρ : 도선의 **비저항**
l : 도선의 길이 s : **도선**의 단면적)

 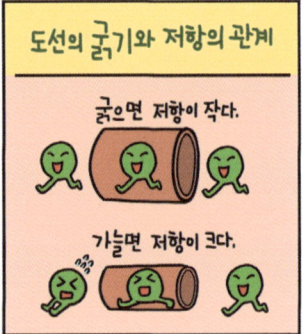

〈저항과 도선의 단면적 및 길이〉

- **비저항** 단위면적과 단위길이당 전기 저항입니다. 물질마다 고유한 값을 갖기 때문에 고유저항이라고도 합니다.
- **도선** 전기가 흐를 수 있는 금속 선을 말합니다. 구리, 알루미늄선 등이 쓰입니다.

따라서 저항 두 개를 **직렬**로 연결하면 저항값이 둘을 더한 만큼 커집니다. 저항의 길이가 길어진 것과 같은 효과인 겁니다. 또 저항 두 개를 **병렬**로 연결하면 이번엔 저항이 작아집니다. 저항의 단면적이 커진 것과 같은 효과인 겁니다. 이것도 식으로 한번 나타내보겠습니다.

$$저항의\ 직렬\ 연결\quad R = R_1 + R_2$$

$$저항의\ 병렬\ 연결\quad \frac{1}{R} = \frac{1}{R_1} + \frac{1}{R_2}$$

두 번째 식인 저항의 병렬연결은 왜 전기 콘센트에 전기기구를 여러 개 꽂으면 안 되는지를 알려줍니다. 저항은 병렬로 연결하면 할수록 전체 저항의 크기가 줄어듭니다. 저항의 단면적을 넓히는 효과를 나타내기 때문입니다. 콘센트에 전기기구를 꽂는 것이 바로 저항을 병렬로 연결하는 것이 됩니다. 그러면 전체 저항이 줄어들고 자연스럽게 전체 전류가 늘어나게 됩니다.

☑ **직렬** 전기회로에서 발전기, 전지, 저항기 따위를 한 줄로 연결하는 것입니다. 직렬연결을 하면 전기 부품 전체에 전류가 한쪽으로만 흐르게 됩니다.
☑ **병렬** 전기회로에서 발전기, 전지, 저항기 따위의 극을 같은 극끼리 연결하는 것입니다.

그리고 전기 콘센트에 전류를 공급하는 전선에도 작지만 저항이 있습니다. 전선에 전류가 통과하게 되면 조금씩 열이 발생합니다. 전류의 세기가 커지면 커질수록 전선에서 발생하는 열도 많아지게 됩니다. 그래서 전기기구를 여러 개 꽂은 채로 계속 쓰다 보면 과도한 열로 전기 콘센트에 전류를 공급하는 전선의 피복이 타버리고 불이 날 가능성이 커지는 것입니다.

저항의 단위는 Ω(옴)입니다. Ω이라는 글자가 조금 낯설죠? Ω은 그리스어 대문자입니다. 원래 독일의 과학자 옴의 이름을 따서 만든 단위인데 옴의 첫 글자인 O가 숫자 0과 비슷하여 오독을 방지하기 위해 그리스어 대문자로 쓰게 되었습니다.

전압이 필요해

전류의 양을 결정하는 두 번째는 전압입니다. 단위로는 V(볼트)를 씁니다. 전압이란 전자를 밀어내는 압력이라는 뜻입니다. 건전지나 전원이 전자를 힘차게 밀어낼수록 전자가 더 많이 움직여서 전류의 양이 증가하게 됩니다. 즉 전압과 전류는 비례 관계에 있는 것입니다.

그래서 전류량을 늘리려면 전압을 높여야 합니다. 보통 건전지로 실험을 할 때는 건전지를 직렬로 연결하여 전압을 높입니다. 한쪽 건전지의 -극과 다른 건전지의 +극을 연결하는 것입니다. 리모컨의 건전지 넣는 곳에 건전지 두 개를 넣을 때 서로 반대 방향으로 넣는 것은 대부분 1.5V 건전지 두 개를 직렬로 연결하여 3V를 만드는 것입니다.

이와 반대로 건전지의 +극끼리 연결하고 -극끼리 연결하는 때도 있습니다. 병렬연결입니다. 리모컨에선 두 개의 건전지를 같은 방향으로 꼽는 경우입니다. 이런 경우에는 전압은 변함이 없지만 하나만 있을 때보다 더 오래 전기에너지를 공급할 수 있습니다.

이렇게 전압과 저항을 살펴보면 결국 전류의 양은 전압에 비례하고 저항에 반비례하는 것입니다. 이를 식으로 나타내면 다음과 같습니다.

$$I = \frac{V}{R}$$

(I: 전류 V: 전압 R: 저항)
〈옴의 법칙〉

더 알아보기

알레산드로 볼타(Alessandro Volta, 1745~1827)

'알레산드로 주세페 안토니오 아나스타시오 볼타'라는 아주 긴 이름을 가진 이탈리아의 과학자입니다. 최초로 전기를 공급하는 전지를 만든 사람입니다. 1800년에 만들어진 이 전지는 묽은 황산 용액에 구리판과 아연판을 넣고 둘을 구리선으로 연결한 것입니다. 이때 아연판은 -극이 되고, 구리판은 +극이 되어 둘을 잇는 구리선에 전류가 흐르게 됩니다. 이후에 발전된 전지들도 기본적으로는 볼타전지와 같은 원리입니다.

전력과 전기에너지

전기의 형태로 공급되는 에너지는 이제 우리 일상생활 전체를 지배하고 있습니다. 가장 가깝게는 항상 지니고 다니는 휴대전화일 것입니다. 언제 배터리가 닳을지 항상 걱정하게 만듭니다. 그 외에도 방에 들어가면 가장 먼저 전등 스위치를 켜고, 그다음 컴퓨터를 켜는 것입니다. 목이 마르면 냉장고의 문을 열고 시원한 물을 꺼내 먹고, 텔레비전을 켜고, 빨래는 세탁기가 합니다. 빨래가 마르면 다리미로 다리고, 공기 청정기가 집 안의 공기를 깨끗하게 해 줍니다. 더우면 선풍기와 에어컨을 돌립니다. 집 밖에서도 마찬가지입니다. 버스를 타면서 교통카드를 대고, 벨을 눌러 내린다는 신호를 하고, 버스 문은 자동으로 열립니다. 지하철은 그 자체가 전기로 달립니다. 우리의 일상은 전기 없이 이루어지지 않습니다.

전기가 우리 생활 모든 곳에 쓰이게 된 이유는 전기가 다른 에너지로 전환되기 쉽기 때문입니다. 앞서 배운 바대로 전동기는 전기에너지를 운동에너지로 바꿔줍니다. 그 힘으로 전기 자동차와 지하철이 움직이고, 냉장고와 세탁기, 에어컨과 선풍기가 돕니다. **니크롬선**과 같은 저항은 전기에너지를 열로 바꿔줍니다. 라디에이터, 다리미, 온열기 등은 이런 원리를 이용한 것입니다. 교통카드나 신용카드 등은 전기에너지를 이용해서 자기장의 변화를 주는 것이며, 전등은 전기에너지를 빛에너지로 바꿉니다. 전화기나 오디오, 텔레비전 등은 전기에너지를 소리에너지로 바꿉니다.

☑ **니크롬선** 니켈과 크롬의 합금으로 전기에너지를 이용하여 열을 내는 전열기의 열선으로 쓰입니다.

결국 우리가 전기를 쓰는 것은 전기에너지를 받아서 다른 필요한 일을 하는 것입니다. 따라서 전기기구가 얼마나 많은 전기에너지를 사용하는지를 아는 것이 중요합니다.

냉장고나 전구, 휴대전화 등 전기에너지를 이용하는 기구를 살펴보면 220V-440W라는 식으로 이를 표시하고 있습니다. 220V의 전압에 연결하라는 뜻이고, 440W는 1초에 440J의 에너지를 사용한다는 뜻입니다. 앞에서 살펴봤던 일률(W, 와트)과 같은 개념입니다.

이때 전력은 전압과 전류의 곱으로 나타냅니다. 식으로 나타내면 다음과 같습니다.

$$P = V \times I$$
(P: 전력 V: 전압 I: 전류)

따라서 220V-440W는 또 다르게는 2A의 전류가 흐르는 기구라는 뜻도 됩니다. 이렇게 쓰는 전기에너지의 단위는 다른 에너지와 마찬가지로 J(줄)입니다.

한 달에 한 번 모든 가정은 전기 요금을 냅니다. 전기를 사용한 대가를 치르는 것입니다. 이때 한 달간 사용한 에너지의 양을 따질 때는 전력량이란 단위를 사용합니다. 물론 앞에서 썼던 J이라는 단위를 사용할 수도 있습니다만 그러면 숫자가 너무 커지기 때문에 1초에 1J씩 한 시간 동안 사용한 양인 3600J을 1Wh로 하여 씁니다. 그리고도 쓰는 양이 많아지면 1,000Wh를 1kWh로 대체한 킬로와트시를 단위로 씁니다. 보통 전기세 고지서에는 킬로와트시로 표시됩니다.

☑ **Wh** 와트시라고 읽습니다. 전력량의 단위이며 전력과 시간의 곱입니다.

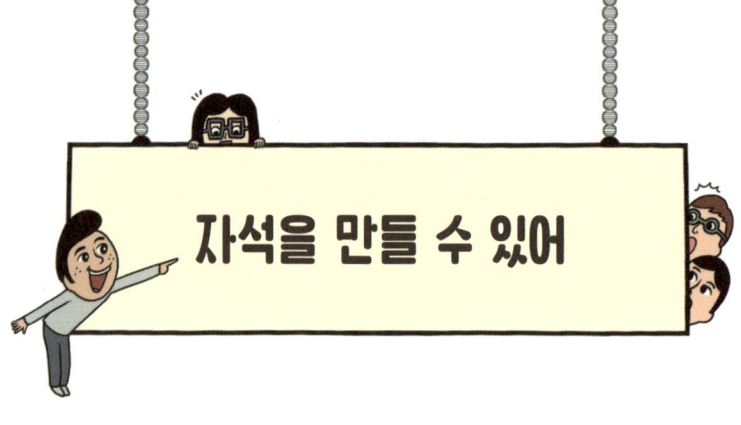

자석을 만들 수 있어

　자석을 모르는 친구는 아마 없을 겁니다. 학교 과학 시간에 자석으로 여러 가지 실험도 하고, 냉장고 앞면에 여러 종이를 붙여 둘 때 쓰는 것이 바로 자석입니다. 자석 몇 개가 있으면 재미난 놀이도 할 수 있습니다. 어느 거리까지 가까이 해야 서로 붙을까? 자석 사이에 종이를 몇 장이나 넣으면 둘이 붙는 성질이 사라질까? 자석으로 못을 몇 개까지 들 수 있을까? 이런 걸 실험하며 보내던 초등학교 시절이 생각납니다.

　이런 자석에 대해 우리가 이미 알고 있는 사실을 한번 정리해볼까요? 자석은 두 개의 극을 가지고 있습니다. 하나는 N극이고 다른 하나는 S극입니다. 같은 극끼리는 서로 밀고, 다른 극끼리는 끌어당깁니다. 그리고 자석의 성질이 없는 철을 끌어당깁니다. 그리고 거리가 멀면 당기거나 미는 힘이 줄어들고, 가까우면 힘이 커집니다. 여기까지는 우리가 대부분 알고 있는 사실입니다.

그럼 이런 자석의 힘은 어떤 걸까요? 자석 주변에는 자기력의 선이 있습니다. 그림에서 보는 것처럼 양쪽 극에는 촘촘하게 있고, 극에서 떨어지면 자기력선의 간격이 조금씩 멀어집니다. 이 자기력선이 얼마나 많이 모여 있는가가 자기력, 즉 자석의 힘을 결정합니다. 촘촘하면 촘촘할수록 더 힘이 셉니다. 그래서 극 주변이 가장 힘이 세고 멀어질수록 약해집니다. 막대자석 위에 얇은 종이를 놓고 철가루를 살살 뿌려주면 그림과 같은 모양이 나타나는 걸 볼 수 있습니다. 자석이 두 개 있는 경우 이런 자기력선은 항상 N극에서 나와서 S극을 향합니다. 그리고 이런 자기력선이 있는 공간을 자기장이라고 합니다.

〈막대자석 주위의 자기장과 자기력선〉

지금은 자석을 공장에서 만들지만 옛날에는 자석이 그렇게 흔하지 않았습니다. 자연적으로 만들어진 자석들만 있었습니다. 이런 천연자석은 어떻게 만들어지는 걸까요? 이유는 지구가 거대한 자석이기 때문입니다. 그래서 지구 주변에는 아주 거대한 자기장이 형성되어 있습니다. 나침반이 항상 N극은 북쪽을, 그리고 S극은 항상 남쪽을 가리키고 있는 것도 지구라는 자석의 자기장에 영향을 받기 때문입니다.

그리고 지구 내부에는 광물이 아주 높은 온도와 압력에 의해서 녹은 마그마가 있습니다. 이런 마그마가 표면 가까이 올라오면 천천히 식어서 암석이 됩니다. 이때 철 성분이 아주 많은 마그마가 천천히 식으면 금속 내부의 배열이 지구라는 커다란 자석의 영향으로 일정한 방향으로 자리잡게 됩니다. 그렇게 해서 천연자석이 만들어집니다.

〈지구자기장〉

우리도 비슷한 방법으로 자석을 만들 수 있습니다. 긴 못을 하나 구합니다. 꼭 못이 아니더라도 쇠로 된 긴 막대면 됩니다. 이 쇠못을 가스레인지에서 조심스럽게 가열합니다. 빨갛게 되도록 가열을 하면 가장 좋지만, 실제로 그렇게 하기 어려우므로 5분 정도 가열하면 됩니다. 나침반을 이용해서☑ 달궈진 쇠못을 남북 방향으로 눕힙니다. 그리곤 천천히 망치로 전체를 가볍게 통통 두드려줍니다. 그렇게 5분 정도 두드려 주고 그대로 놔둬서 완전히 식도록 합니다. 그러면 쇠못이 자석이 됩니다.

☑ 나침반을 구하기 어렵다면 휴대전화에 있는 나침반 어플을 사용하는 것도 좋은 방법입니다.

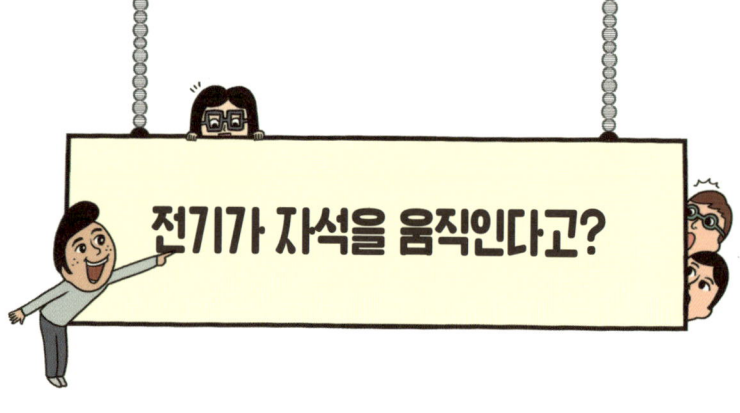

전기가 자석을 움직인다고?

덴마크의 과학자 외르스테드는 실험 강의를 하던 중 이상한 현상을 발견합니다. 전류가 흐르는 전선 주변의 나침반 바늘이 엉뚱한 곳을 가리키는 걸 본 것입니다. 원래 나침반의 N극은 북쪽을 향해야 하는데 전선에 강한 전류를 흘려보내니 나침반의 바늘이 전선과 수직인 방향으로 움직인 뒤 계속 그 방향으로 멈춰 있었던 것입니다.

더 알아보기

한스 크리스티안 외르스테드(Hans Christian Oersted, 1777~1851)
18세기 후반에서 19세기 초에 살았던 과학자입니다. 가난한 집에서 태어나 어렸을 때부터 동생과 함께 친척집에 보내졌습니다. 그러나 열심히 공부한 끝에 좋은 성적으로 대학에 가서 철학, 천문학, 물리학, 화학, 수학 등 다양한 분야에서 연구를 했습니다. 전기와 자기의 관계를 규명했을 뿐만 아니라 시인이자 작가였으며, 덴마크 왕립과학협회를 창설하기도 했습니다.

이 현상이 신기하여 외르스테드는 여러 가지 실험을 해봅니다. 전류를 반대 방향으로 흘려보내기도 하고, 전선을 다른 방향으로 옮기기도 합니다. 어떤 경우든 나침반은 항상 전선에 수직으로 방향을 고쳤습니다. 프랑스의 물리학자 앙페르는 이런 외르스테드의 발견을 수식으로 정리하여 발표합니다. 그래서 현재는 앙페르의 오른나사 법칙(오른손 법칙)이라고 부릅니다.

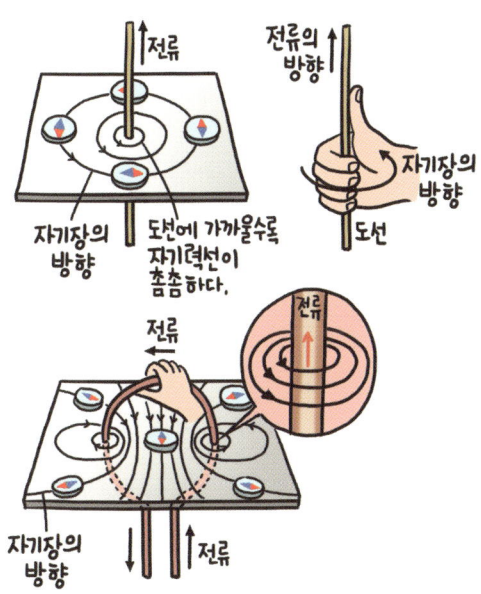

원리는 이렇습니다. 위 그림처럼 전선에 전류가 흐르면 그 주변에 동그란 원 모양의 자기력선이 생깁니다. 그러면 나침반의 N극은 자연히 이 자기력선의 방향을 따라 이동하는 것입니다. 즉 전류가 자기장을 만드는 것입니다. 그래서 오른손을 가볍게 쥐고, 엄지손가락을 세우면, 엄지손가락의 방향이 전류의 방향이 되고, 나머지 네 손가락을 거머쥔 방향이 자기장의 방향이 되는 것입니다.

이제 이 전선을 둥글게 말아봅시다. 원형 도선 내부는 전선 전체에 흐르는 전류에 의해 모두 똑같은 세기의 자기장이 형성됩니다. 그리고 원형 전선에 수직인 방향으로 형성됩니다. 이 원형 전선이 용수철처럼 계속 이어지면 아래의 그림처럼 막대자석과 비슷한 모양의 자기장을 만들게 됩니다. 이렇게 만들어진 것을 전자석이라고 합니다. 전기로 막대자석을 만든 셈입니다.

이런 모양을 **솔레노이드**라고 합니다. 이 솔레노이드에서의 전류와 자기장의 방향도 역시 오른손 법칙으로 설명합니다. 이전처럼 오른

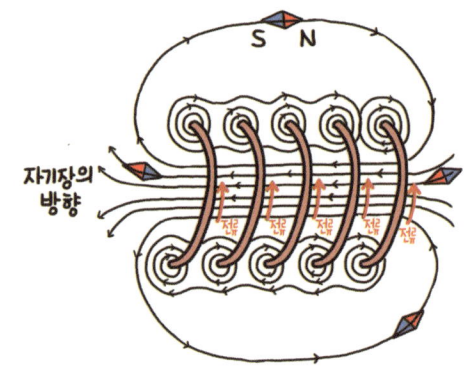

- **솔레노이드** 도선을 촘촘하게 원통형으로 말아 만든 도구입니다. 도선에 전류를 흘리면 자기장을 만들 수 있어서 전자석이 될 수 있습니다.

손의 엄지를 세우고, 나머지 네 손가락을 가볍게 거머쥡니다. 그러면 네 손가락은 전류의 방향이 되고, 엄지손가락은 자기장의 방향이 됩니다.

이렇게 만든 솔레노이드 안에 철심을 넣으면 자기장의 세기가 더 강해집니다. 안에 든 철심이 전류가 흐르는 동안은 자석이 되기 때문입니다. 실제 생활에 쓰이는 전자석은 이렇게 철심이 든 것을 사용합니다.

이런 전자석은 어떤 장점이 있고, 또 어떤 용도로 사용될까요? 일단 가장 큰 장점은 전류의 방향이 바뀌면 극의 방향도 바꿀 수 있다는 점입니다. 그리고 전류의 세기를 조절해서 자기장의 세기도 조절할 수 있습니다. 전류를 세게 흘려주면 자석의 힘이 세지고, 전류를 약하게 흐르게 하면 자석의 힘도 약해집니다. 이렇게 자석의 세기와 방향을 조절하여 여러 가지 전자제품에 사용하게 됩니다. 텔레비전이나 전화기의 스피커에도 이 전자석이 들어가고, 의료기구인 MRI(자기공명영상장치)에도 쓰이며, **자기 부상 열차**에도 쓰입니다.

☑ **자기 부상 열차** 자기력을 이용하여 차량을 선로 위에 띄워 움직이도록 만든 열차입니다. 선로에 직접 닿지 않기 때문에 소음과 진동이 매우 적고 빠르게 달릴 수 있습니다.

선풍기의 날개는 어떻게 움직일까?

경수는 요즘 여름방학이 되어 집에서 빈둥거리며 놀고 있습니다. 워낙 더워서 에어컨을 틀고 싶은데 부모님은 조금 더운 건 선풍기로 참으라고 합니다. 더운 여름철에 에어컨을 빵빵하게 틀면 얼마나 좋을까요? 하지만 부모님은 전기세도 걱정이고 에어컨을 트느라 전기를 너무 낭비하면 환경에 좋지 않다고 합니다. 에어컨은 선풍기보다 전기를 굉장히 많이 소비하기 때문입니다. 그래서 경수도 아침저녁으로 더위가 한풀 꺾이면 에어컨 대신 선풍기를 틉니다. 선풍기 바람으로도 어느 정도 견딜 수 있기 때문입니다.

그런데 이 선풍기의 날개는 어떤 원리로 도는 걸까요? 초여름이 되어 선풍기를 꺼내면 보통 날개를 분해해서 깨끗이 닦아줍니다. 이때 자세히 보면 날개가 연결되는 가운데에 쇠로 된 굵은 침이 하나 나와 있는 걸 볼 수 있습니다. 그 침이 연결된 선풍기 뒤쪽의 동그랗고 뭉툭한 부분이 바로 날개가 돌아갈 힘을 주는 전동기입니다. 흔히 모터라고 하는 전동기는 선풍기뿐만 아니라 헤어드라이어, 산업용 기계, 로봇 등 아주 다양한 분야에서 쓰이고 있습니다. 전동기가 회전 운동을 하면 그 힘으로 선풍기 날개가 도는 것입니다.

전동기는 어떤 방법으로 전기에너지를 회전 운동을 하는 운동에너지로 바꾸는 것일까요? 앞서 알아봤던 자석과 전선 두 가지를 이용하면 가능합니다. 여러분은 이제 전류가 자기장을 만들면 자석처럼 변하는 것을 알고 있습니다. 자석과 전류가 흐르는 전선이 만나면 전선이 움직이게 됩니다.

모터 안에는 아래 그림처럼 양쪽에 두 개의 자석이 있습니다. 한쪽은 N극이고 다른 쪽은 S극입니다. 그러니 둘 사이에는 한쪽의 자기장이 존재하게 됩니다. 그 사이에 고리 모양의 전선이 있습니다. 이제 이 전선에 전류가 흐르면 전선도 자기장을 만들게 됩니다. 결국 전선 자체가 일종의 자석이 됩니다. 전류가 흐르면서 만들어진 자석과 원래의 자석이 서로 작용해서 한쪽은 밀고 반대쪽은 당기는 힘이 생깁니다.

그런데 자석은 고정되어 있고 전선은 회전할 수 있게 만들어졌기 때문에 결국 움직일 수 있는 전선이 돌게 됩니다. 이렇게 전선이 계속 돌게 되면 이를 이용해 선풍기 날개도 도는 것입니다. 물론 전선 한 개로는 힘이 약하니 실제 전동기에는 전선을 여러 겹으로 묶어서 더 큰 힘이 생기도록 합니다.

이런 원리로 만들어진 전동기는 여러 곳에 쓰입니다. 로봇에도 관절마다 이 전동기가 있어 움직일 수 있고, 진공청소기, 세탁기, 냉장고, 에어컨, 헤어드라이어, 컴퓨터 등 우리가 알고 있는 전기기계 대부분에는 이 전동기가 들어 있습니다. 전동기는 아니더라도 이렇게 자기장 안에서 전류가 흐르는 코일이 움직이는 원리를 이용하는 것으로 스피커와 **전류계**, **전압계** 등이 있습니다.

전동기의 힘의 크기는 두 가지에 의해 결정됩니다. 자석의 자기장이 세면 셀수록 커지며, 전류의 세기가 셀수록 커집니다. 힘은 원래의 자석과 전류가 흐르면서 자석이 된 전선이 서로 밀어내고 당기는 정도에 따라 정해지기 때문입니다.

☑ **전류계** 전기회로의 직류나 교류 전류의 크기를 측정하는 기기입니다.
☑ **전압계** 전기회로의 직류나 교류 전압의 크기를 측정하는 기기입니다.

우리가 선풍기 바람의 세기를 조절하는 것도 이 원리를 이용합니다. 선풍기 안에는 서로 크기가 다른 저항이 여러 개 있습니다. 바람의 세기를 1단에서 2단으로 바꾸면 선풍기 내의 회로가 더 작은 저항에 연결됩니다. 저항이 작아지니 전류의 세기가 커집니다. 따라서 힘이 더 강해져서 전동기가 더 빨리 돌게 되는 것입니다. 반대로 2단에서 1단으로 내리면 내부 전기회로가 더 큰 저항으로 연결되어 전류가 적게 흘러 회전하는 힘이 약해지는 것입니다.

전동기의 힘의 방향은 **플레밍의 왼손 법칙**을 따릅니다. 그림과 같이 왼손의 엄지와 검지 그리고 가운뎃손가락을 세 방향으로 펼쳐줍니다. 그리고 자석의 자기장이 향하는 방향을 검지로 가리켰을 때, 전류의 방향을 중지로 가리키면 엄지의 방향이 힘의 방향입니다.

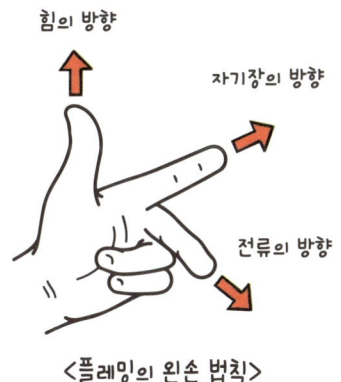

〈플레밍의 왼손 법칙〉

▢ **플레밍의 왼손 법칙** 영국의 과학자 플레밍이 발견한 것으로 그의 이름을 따서 부르게 되었습니다.

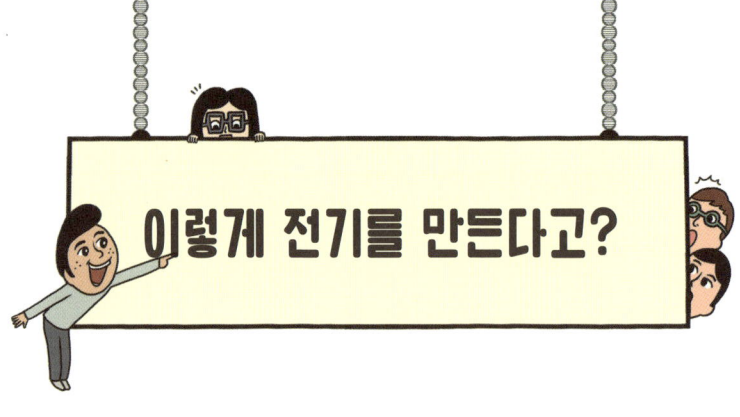

이렇게 전기를 만든다고?

조금 전에 우리가 알아본 것은 자석이 있고, 전류가 흐르면 힘이 생긴다는 것이었습니다. 경수는 이 원리를 알게 된 후 곰곰이 생각해 보았습니다. 셋 중 둘이 있으면 나머지 하나가 생기니까 이번엔 자석과 힘을 잘 결합해서 전류가 흐르는 실험을 하기로 했습니다.

전기가 흐를 전선을 코일 모양으로 감습니다. 그리고 그 양 끝을 꼬마전구에 연결합니다. 만약 우리 생각대로 전선에 전류가 흐르면 꼬마전구에 불이 들어올 것입니다. 이제 코일을 고정한 후 막대자석을 코일 위에서 위아래로 흔들어봅니다. 전선의 양 끝에 있는 꼬마전구에 불이 들어옵니다. 자석을 흔들기만 했는데 불이 들어오다니 신기한 일입니다. 불이 들어온다는 것은 실제로 전류가 흘렀다는 것입니다.

우리가 자석을 움직일 때 불이 들어오는 이유는 자석 주변의 자기장이 변하기 때문입니다. 이렇게 자기장이 변하면, 코일을 이루고 있는 금속 안의 자유전자가 영향을 받게 됩니다. 전자는 이미 -전기를 띠고 있으므로 자기장이 변하는 것에 따라 일정한 방향으로 움직이는 것입니다. 금속 안의 모든 전자가 같은 방향으로 움직이게 됩니다. 이것은 바로 전류가 흐르는 것과 같습니다.

이때 전자가 움직이며 만드는 전류는 그 자체가 또 자기장을 만듭니다. 그런데 이 자기장은 애초에 자석이 움직이면서 만든 자기장의 변화를 없애는 방향으로 생기게 됩니다. 따라서 자석을 아래로 내릴 때와 올릴 때는 자기장의 변화가 반대이니 전류도 반대 방향으로 흐르게 됩니다. 또한 S극을 밑으로 할 때와 N극을 밑으로 할 때도 전류가 반대 방향으로 흐르게 됩니다. 이렇게 해서 생긴 전류를 '유도전류'라고 하고, 이런 현상을 '전자기 유도'라고 합니다.

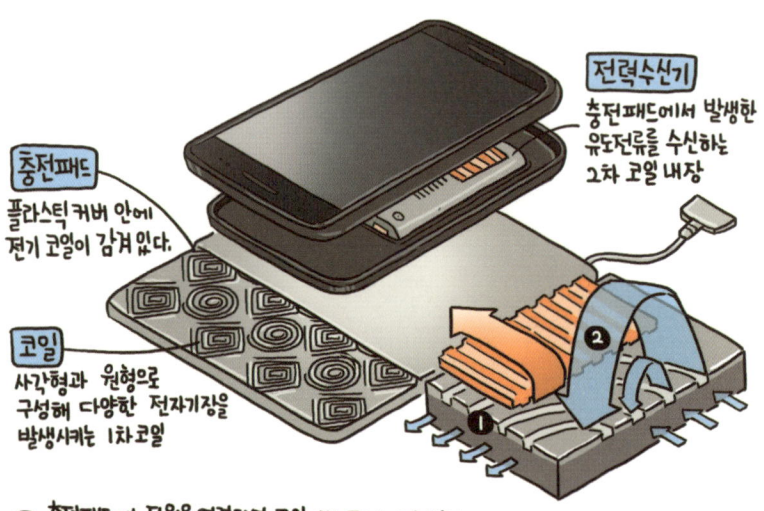

<무선 충전의 원리>

지금 우리가 쓰는 전기는 바로 이런 원리로 만들어진 발전기에서 나옵니다. 우리가 쓰는 전기는 모두 발전소에서 생산합니다. 정확히 말하면 발전소의 발전기들은 다양한 에너지를 전기에너지로 바꿔 우리에게 보내주는 것입니다.

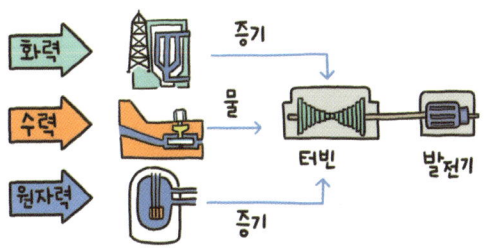

우선 수력발전소를 살펴봅시다. 수력발전소는 댐에 있습니다. 댐 위의 높은 곳에서 떨어지는 물의 힘으로 발전기 내부의 거대한 자석을 돌리면 그 주변의 전선에 전류가 생기는 원리입니다. 따라서 수력발전은 물의 위치에너지를 전기에너지로 바꾸는 것입니다.

↑ 수력발전소

화력발전은 석유나 석탄, 천연가스를 이용합니다. 이

↑ 화력발전소

들 연료를 태워 물을 끓입니다. 그러면 물이 수증기로 변하고, 이 수증기가 높은 압력으로 발전기를 돌려서 전기를 생산합니다. 즉 화석연료 속의 화학에너지가 열에너지로 바뀌고 다시 수증기의 운동에너지가 되었다가 전기에너지로 바뀌는 것입니다. 원자력발전의 경우 화석연료 대신 원자력 에너지를 쓴다는 점만 다릅니다.

↑ 원자력발전소

태양광발전은 방식이 조금 다릅니다. 태양에서 온 빛에너지가 태양광 패널에 닿으면 직접 전기에너지가 됩니다. 풍력발전은 바람의 운동에너지로 발전기를 돌리는 것입니다. 화석연료를 사용하는 화력발전은 지구온난화 등 환경 문제에 나쁜 영향을 끼치기 때문에 점차 줄여야 할 방법입니다. 원자력발전도 방사능이 몇십 만년을 가는 등 문제가 심각해서 차츰 사라질 방식입니다. 환경에 나쁜 영향을 주지 않는 재생 가능한 에너지원을 찾는 것이 중요한 일입니다.

↑ 풍력발전소

↓ 태양광발전소

이런 발전기뿐만 아니라 전자기 유도 현상은 다양한 곳에서 사용되고 있습니다. 버스에 탈 때 카드를 카드 판독기에 대면 자동으로 버스비가 결제되는 시스템도 이를 이용한 것입니다. 카드를 대면 자기장이 변해서 판독기 안의 코일에 약한 전류가 흐르게 됩니다. 이를 이

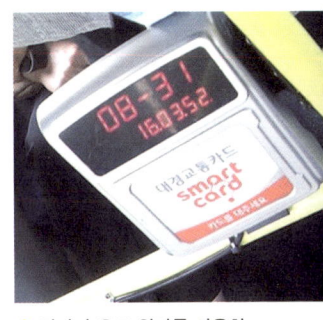

⬆ 전자기 유도 원리를 이용한 교통 카드 판독기

용해서 여러 정보를 읽고 처리하는 것입니다. 고속도로 진입로에 있는 하이패스도 동일한 원리를 이용합니다. 그 외에도 노래방의 마이크, 금속 탐지기, 전자 기타에서도 이런 원리가 이용됩니다.

이제까지 물리의 세 가지 영역을 살펴봤습니다. 파동, 힘과 에너지 그리고 전기입니다. 많은 친구가 물리는 어렵다고 느끼는 이유는 다른 과학 분야와는 달리 '수식'이 많이 들어가고, 계산해야만 하는 경우가 많기 때문일 것입니다. 물리는 사물의 이치를 따지는 것이니 기본적인 계산은 어찌 보면 필수적입니다. 물리의 언어는 '수학'이라는 밀도 있습니다. 그래도 조금씩 사물의 이치를 깨닫다 보면 그 자체의 즐거움도 없지는 않답니다.

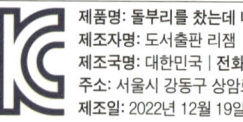

제품명: 돌부리를 찼는데 내가 아픈 이유
제조자명: 도서출판 리잼
제조국명: 대한민국 | **전화:** 02-719-6868
주소: 서울시 강동구 상암로167, 702호
제조일: 2022년 12월 19일 | **사용 연령:** 8세 이상
* KC마크는 이 제품이 공통안전기준에 적합하였음을 의미합니다.
⚠ 주의 아이들이 책의 모서리에 다치지 않게 주의하세요.

재미있는 교과서 과학 물화생지 ❶ 물리

돌부리를 찼는데 내가 아픈 이유

1판 1쇄 인쇄 2022년 12월 15일
1판 1쇄 발행 2022년 12월 19일

글쓴이 박재용 | **그린이** 강무선
펴낸이 안성호 | **편집** 이소정 이준경 | **디자인** 이보옥
펴낸곳 리잼 | 출판등록 2005년 8월 9일 제2018-000061호
주소 05307 서울시 강동구 상암로 167, 7층 702호
대표전화 02-719-6868 **팩스** 02-719-6262
홈페이지 www.rejam.co.kr **전자우편** iezzb@hanmail.net

ⓒ박재용 ⓒ강무선

* 잘못 만들어진 책은 바꾸어 드립니다.
* 이 책의 무단 복제와 전재를 금합니다.
* 책값은 뒤표지에 표시되어 있습니다.

ISBN 979-11-92847-00-9(73420)

※ 이 도서는 한국출판문화산업진흥원의 '2022년 중소출판사 출판콘텐츠 창작 지원 사업'의 일환으로
　국민체육진흥기금을 지원받아 제작되었습니다.